Trop tard?

Normand Provencher

Trop tard?

L'avenir de l'Église d'ici

NOVALIS

Trop tard? est publié par Novalis.
Direction littéraire : Josée Latulippe
Révision : Jacinthe Lacombe
Éditique : Caroline Gagnon
Couverture : Christiane Lemire (Œuvres sur papier, série *Les cloîtres*, dessins n°s 84 et 93, 1998)

© Novalis, Université Saint-Paul, Ottawa, Canada, 2002

Dépôts légaux : 3e trimestre 2002
Bibliothèque nationale du Canada
Bibliothèque nationale du Québec

Nous reconnaissons l'aide financière du gouvernement du Canada par l'entremise du Programme d'aide au développement de l'industrie de l'édition (PADIÉ) pour nos activités d'édition.

Les citations bibliques sont tirées de la Bible TOB, sauf pour les textes cités en page 7 (Nouvelle traduction de la Bible).
© Société biblique française et Éditions du Cerf, Paris, 1988
Avec l'autorisation de la Société biblique canadienne

Novalis, 4475, rue Frontenac, Montréal (Québec) H2H 2S2
C.P. 990, succursale Delorimier, Montréal (Québec) H2H 2T1
ISBN : 2-89507-347-3
Imprimé au Canada

Données de catalogage avant publication (Canada)
Provencher, Normand, 1938-
    Trop tard? : l'avenir de l'Église d'ici
    Comprend des réf. bibliogr.
    ISBN 2-89507-347-3
    1. Renouveau de l'Église – Québec (Province). 2. Renouveau de l'Église – Église catholique. 3. Mission de l'Église. 4. Église catholique – Québec (Province). 5. Sociologie religieuse – Christianisme – Québec (Province) I. Titre.

BX1422.Q8P77 2002   262'.001'709714   C2002-9/11591 8

*À maman, Cécile, 94 automnes,
qui a accueilli tant de gens à sa table.
En souvenir de mon père, Ubald,
qui savait si bien labourer, semer, récolter.*

Avant-propos

> *Cessez de songer aux débuts*
> *et de ressasser le révolu*
> *me voici pour faire du nouveau*
> *il bourgeonne déjà — vous ne le voyez pas?*
> Isaïe 43, 18-19

> *Au vin nouveau,*
> *il faut des outres neuves.*
> Marc 2, 22

C'est l'automne. La nuit l'emporte sur le jour. Les arbres abandonnent leurs feuilles au vent et se préparent pour le long sommeil de l'hiver. Avez-vous remarqué que les champs sont tristes? Après avoir donné d'abondantes récoltes qui nous permettront de passer l'hiver, ils sont vides. Le cultivateur, lui, ne déserte pas ses champs. Il y retourne pour faire les labours et ainsi préparer la terre qu'il ensemencera le printemps venu. Il sait que ses champs seront encore généreux, à la condition de les labourer en profondeur.

Pour l'Église d'ici, c'est l'automne. Durant des générations, elle a contribué à maintenir debout une collectivité fragile. Elle a encouragé les gens à vivre dans la confiance en Dieu et dans l'attente, comme le propose le message évangélique. Dans les domaines de l'éducation et de la santé, elle a beaucoup donné. Même si on la craignait parfois, on lui faisait confiance, car elle représentait une autorité morale incontestée et une force sociale incontournable. Par ses nombreux missionnaires, hommes et femmes, elle rayonnait à l'étranger, de la Chine au Lesotho. Sans enjoliver le passé, on peut affirmer que l'Église était en santé et qu'elle avait sa place dans la société. Mais aujourd'hui, elle est fatiguée, vieillie, un peu triste, comme si elle allait mourir. Il y a encore des gens qui s'acharnent à la maintenir vivante. D'autres pensent qu'elle vit ses dernières heures et qu'il faut se résigner à en faire le deuil et à profiter de l'héritage qu'elle laissera. Et si cet héritage était la semence d'un nouveau commencement?

Je suis de ceux et celles qui font confiance à cette semence et qui tiennent à ce que la terre soit labourée en profondeur pour l'ensemencer au printemps. L'hiver a déjà donné les premiers signes de son arrivée prochaine. Tout devient plus calme. Cette saison est favorable à la réflexion et aux échanges.

On a beaucoup parlé et écrit sur l'Église tout au long du XXe siècle, surtout avec Vatican II, qui a été avant tout un concile sur l'Église. Quand une institution parle beaucoup d'elle-même, c'est souvent le signe de malaises profonds. Un autre livre sur l'Église! Et pourtant, il n'en manque pas. On m'a déconseillé d'écrire cet ouvrage. Quoi dire de nouveau sur la situation présente de l'Église d'ici? Pourquoi poser tant de questions sur son avenir qui ne recevront pas de réponses? Il n'est certes pas facile de parler de l'Église sans tomber dans les controverses, sans jeter la pierre à des personnes généreuses qui exercent des responsabilités, sans en décourager d'autres qui se donnent corps et âme à renouveler la pastorale avec si peu de succès. J'écris ce livre pour exprimer tout simplement ce que plusieurs pensent de l'Église actuelle et de son avenir. Beaucoup ont un regard clairvoyant sur la situation et ils souffrent de l'indifférence galopante à son égard, des critiques rapides et injustifiées, du manque d'initiatives et de leadership de ses dirigeants. Ces derniers sont certes conscients du déclin de la foi et des enjeux des solutions pastorales qu'ils mettent en œuvre. Mais sous prétexte d'assurer la communion avec les autres Églises, et surtout avec celle de Rome, ils n'osent pas se hasarder sur des chemins nouveaux. Je voudrais faire part de mes réflexions sans nostalgie du passé, sans amertume ni critique acerbe des orientations pastorales à la mode, mais plutôt avec espérance, en regardant l'avenir qui dépasse nos prévisions à courte vue.

Est-ce de la prétention ou de la naïveté que de chercher des voies d'avenir pour l'Église d'ici? L'avenir est le secret le mieux gardé; personne ne peut prétendre le connaître. Pourtant, tout en mettant notre confiance dans l'Esprit Saint, le Maître de l'impossible, demain est encore entre nos mains. Pouvons-nous nous impliquer sérieusement dans le présent sans avoir un peu de lumière sur demain? Je pense à tous ces prêtres dévoués et prenant de l'âge — pour qui j'ai beaucoup d'admiration — qui continuent d'exercer leur ministère au lieu de prendre une retraite bien méritée. Je n'oublie pas les jeunes prêtres et les séminaristes, si peu nombreux, qui doivent assumer leur vocation dans le contexte à la fois du déclin de l'Église et de l'avènement d'une culture nouvelle. Les agentes et agents de pastorale, qui exercent de plus en plus de responsabilités et qui tiennent l'Église encore vivante, ont aussi besoin d'entrevoir, au moins en pointillé, des chemins d'avenir. Je pense aussi à tous ces catholiques généreux qui constatent, non sans inquiétude, qu'ils sont en train de devenir une minorité. Les défis sont de taille, et même démesurés pour nos forces. Avec lucidité et courage, il est urgent de discerner les « signes des temps », selon l'expression chère à Jean XXIII, pour entendre ce que l'Esprit est en train de dire aux Églises. Ne sommes-nous pas au seuil d'une époque où l'Église connaîtra une « refondation », une façon inédite d'exercer sa mission et d'être présente à la société?

Mais est-il trop tard? Cette question m'habite depuis quelques années et je ne peux la taire. Ce livre est un essai de réponse. Après bien des hésitations, j'ai finalement ajouté un point d'interrogation à son titre, non pas pour remettre en question le constat, mais pour laisser entendre que quelque chose de nouveau s'annonce.

Chapitre I

Une Église en recherche

> *J'aimerais une Église qui ose montrer sa fragilité. Dans l'Évangile, on voit que le Christ a eu faim et on ne cache pas qu'il était fatigué. Or parfois l'Église donne l'impression qu'elle n'a besoin de rien et que les hommes n'ont rien à lui donner. [...] Je souhaiterais une Église qui se mette à hauteur d'homme en ne cachant pas qu'elle est fragile, qu'elle ne sait pas tout et qu'elle aussi se pose des questions.*
>
> Albert Rouet[1]

L'Église d'ici est une réalité du terroir. L'histoire de nos municipalités se confond avec celle des paroisses. Même s'ils se taisent le plus souvent, les clochers des villages et des villes sont encore des repères sur nos routes. Durant des décennies, les prêtres, les religieux et les religieuses œuvraient dans toutes les sphères de la société, aussi bien dans les écoles, les hôpitaux, les centres de loisirs que dans les caisses populaires et les syndicats. Il convenait que l'inauguration officielle d'un édifice soit marquée par la bénédiction de l'évêque ou du curé. Un mouvement ou une association ne pouvait se concevoir sans aumônier. Rien n'échappait à l'Église d'ici, ni la politique ni la vie privée.

L'Église était l'institution la plus organisée et la plus englobante, exerçant sur toutes les autres un rôle de légitimation. Le Québec

---

[1] *La chance d'un christianisme fragile*, Paris, Bayard, 2001, p. 57.

habité était entièrement quadrillé par le réseau paroissial. Tout en assurant la visibilité du catholicisme, la paroisse collaborait à l'intégration sociale par l'adhésion de tous à une même religion. De fait, l'Église a beaucoup contribué à la survie et au développement des 60 000 habitants des rives du Saint-Laurent qui ont dû apprendre à vivre sous un « nouveau régime » imposé par la Conquête anglaise de 1759. Elle s'est compromise au service d'une population qu'elle encadrait. C'est pourquoi, avec les années, les termes « canadien-français » et « catholique » étaient devenus des synonymes. Si nous parlons encore français, nous le devons à l'Église qui avait pressenti, non sans intérêt, que la sauvegarde de la langue assurait le maintien de la foi catholique. Cette donnée historique est oubliée de nos jours. Même un leader politique de la trempe de Louis-Joseph Papineau, agnostique avoué et connu pour son anticléricalisme, pouvait écrire à son fils étudiant chez les Jésuites : « Le catholicisme est partie de notre nationalité qu'il faut avouer en toute occasion[2]. » L'histoire du Québec ne se comprend donc pas sans l'influence déterminante de l'Église dans toutes les sphères de la société.

Une chrétienté florissante

Ceux et celles qui approchent l'âge de la retraite ne peuvent oublier ce temps où l'Église était tout à fait chez elle dans notre société. On n'a qu'à visiter Chicoutimi, Nicolet, Rimouski, Québec, Sherbrooke, pour se rendre compte que la province était de fait une « chrétienté », certainement l'une des plus fortes de l'histoire du christianisme, avec ses églises si imposantes dans les villes et tous les villages, ses universités pontificales et ses collèges classiques dirigés par le clergé, ses hôpitaux, ses écoles et ses pensionnats tenus par les sœurs et les frères. La plupart des villages comptaient un couvent où les filles pouvaient s'instruire. Beaucoup

---

[2] Lettre de 1853, citée par Lionel GROULX, *Notre maître le passé*, deuxième série, Montréal, Librairie Granger Frères limitée, 1936, p. 199.

de garçons devaient gagner leur vie en se contentant d'une solide troisième année. À chaque année, il revenait au curé de détecter, parmi les garçons les plus brillants, les quelques élus pour le cours classique, dans l'espoir qu'ils deviennent prêtres, sinon médecins ou notaires. L'Église préparait les « cadres » de la société et assurait ainsi son emprise et son autorité. Le clergé et les communautés religieuses suppléaient au manque d'interventions de l'État. Tout en répondant à de pressants besoins, l'Église acquérait un pouvoir qui drainait ses ressources au détriment de son rôle spirituel et de sa mission d'évangélisation.

Il régnait entre l'Église et la société une sorte d'osmose. L'organisation du travail était marquée par les fêtes et les temps liturgiques. On allait à l'église, et on savait faire la fête. Noël, le Mardi gras, Pâques étaient des moments de réjouissance. Le dimanche était un jour sacré et de repos. Ce jour-là, il fallait même la permission du curé pour engranger le foin menacé de se perdre par une pluie menaçante. Le curé voyait à tout : aussi bien à la danse du samedi soir — qui n'était pas tolérée dans certains diocèses — qu'au nombre d'enfants dans les familles. Il se permettait même de rappeler aux parents leurs « devoirs ». Pour bien comprendre ces interventions de l'Église, que nous jugeons trop facilement odieuses aujourd'hui, il faut nous familiariser non seulement avec le contexte social et culturel mais aussi avec la théologie de l'époque. Nous sommes trop souvent portés à appliquer aux conditions d'autrefois des façons de penser d'aujourd'hui. Sans dénigrer son rôle, nous devons reconnaître que l'Église était une institution forte et incontournable, aussi bien dans la société que dans les consciences. Des années 1920 à 1955, l'Église a connu un grand développement. Ce fut l'âge d'or de la chrétienté de chez nous.

Au-delà d'un visage ridé

De nos jours, l'Église d'ici est une institution qui appartient de plus en plus au passé. On l'étudie à l'université. Historiens et sociologues entreprennent des recherches sur son rôle et son influence. Difficile en effet de comprendre notre société sans y faire référence et, parfois, sans l'accuser de bien des fautes qui ont retardé le progrès du Québec et le maintenaient de force dans la « grande noirceur ». On se penche surtout sur l'Église d'autrefois. Puisqu'on sait apprécier les choses anciennes, on tient à créer des musées pour conserver les trésors du passé et pour se donner ainsi bonne conscience à l'égard de l'Église qui s'est tant dévouée chez nous. Mais on manquera bientôt de musées, tant on a de choses à conserver du passé! On se montre même généreux pour l'entretien des églises et on conteste fortement tout projet de leur démolition. Le gouvernement, soucieux du patrimoine et de la culture, prend l'initiative de distribuer des fonds pour restaurer des églises et leur rendre leur allure d'autrefois. Elles sont un héritage à ne pas dilapider. Nos villes et nos villages seraient tristes sans leurs fiers clochers qu'on admire de loin. Nos ancêtres n'ont pas construit des châteaux comme dans les vieux pays, affirme-t-on, mais des églises. On ne se permet pas de les démolir; elles sont donc converties en copropriétés, en appartements, en salles de concert ou en bibliothèques.

Pour comprendre et décrire ce qu'est l'Église, on ne peut se fier qu'aux statistiques, enquêtes et articles de journaux qui nous en apprennent beaucoup sur sa situation concrète dans notre milieu et notre histoire. Mais son visage ridé et parfois anxieux cache une réalité que seule la foi peut entrevoir. Au-delà des vestiges d'une époque révolue, qui suscitent un peu de nostalgie et parfois de l'agressivité, elle cache pourtant un mystère inouï : le projet de Dieu de rendre libres tous les humains et de faire d'eux une grande famille. L'Église porte, comme dans un vase d'argile, un trésor qui la dépasse : l'Évangile de Dieu. Sans elle, aurions-nous entendu l'écho de la Bonne Nouvelle? Par ses erreurs du passé et ses faiblesses actuelles, elle a plus d'une fois trahi ce mystère de l'amour de Dieu pour toute l'humanité. Elle le cache parfois plus qu'elle ne le dévoile. Parler de mystère, ce n'est pas nier l'intelligence qui veut toujours mieux connaître, mais plutôt l'inviter à aller le plus loin possible au-delà de ses limites.

L'Église se dérobe certes à toute mainmise de nos connaissances habituelles, même celles de la sociologie et de l'histoire. C'est par la foi que nous entrons dans son intimité, là où l'Esprit habite comme chez lui. Le concile Vatican II l'a reconnu : l'Église est le peuple de Dieu le Père, le corps du Christ ressuscité et le temple de l'Esprit. Dans son être profond, elle est étroitement liée au Dieu vivant. Hors de la foi, nous lui sommes des étrangers. C'est donc avec un regard de foi qu'il nous faut considérer l'Église, même si ce regard est brouillé par tant d'ombres. Et la foi ne nous prive pas de lucidité ni de discernement[3].

Où est donc l'Église? Cette question peut étonner tant elle est simple. Quand on s'interroge sur l'Église, les réponses sont si variées qu'on se demande si l'on parle de la même réalité. Cette diversité de réponses s'explique à la fois par l'expérience des relations entretenues avec elle et par le « lieu » qu'on y occupe. Est-ce celui de l'évêque? Est-ce le lieu du prêtre de paroisse ou de l'agente de pastorale? Le lieu des distants ou des pratiquants réguliers? Le lieu habité par la foi, par l'indifférence ou encore par la déception ou même la souffrance? Le lieu des jeunes qui ignorent tout de l'Église et qui la confondent avec tout ce qui est d'un autre âge? Ces divers lieux marquent et orientent le discours de celui ou celle qui prend la parole sur l'Église; ils influencent le choix des couleurs pour dessiner les traits de son visage. Je ne

---

3   Voir Henri DE LUBAC, *Méditation sur l'Église*, 3ᵉ édition revue, Paris, Aubier/Éditions Montaigne, 1954. Avant d'entreprendre une étude sur l'Église, je suggère de lire le chapitre VIII, intitulé « Nos tentations à l'égard de l'Église », p. 241-271. Il n'a rien perdu de son actualité.

m'attarde pas à décrire le lieu d'où jaillissent mes réflexions. Le lecteur et la lectrice ne tarderont pas à l'identifier.

L'Église est une réalité aux frontières floues et mal définies. Où est l'Église? Si on prend comme guide le Code de droit canonique, la réponse est claire, mais il représente un seul point de vue, et pas le plus réaliste. Si on adopte une perspective œcuménique, on évite de reconnaître l'Église uniquement dans l'Église catholique romaine. Si on se limite aux orientations et aux politiques des réaménagements pastoraux, on est tenté de ne considérer l'Église que dans les unités pastorales viables et rentables. Si on accepte l'approche de la sociologie, l'Église est une institution qui gère le religieux, a un impact sur le social et présente des repères éthiques précis.

Le Christ ressuscité agit dans le cœur de tous les humains et son action déborde de beaucoup les frontières de ce que nous appelons habituellement l'Église. Pour la rejoindre, il ne faut pas uniquement se rendre à la messe du dimanche, car on risque d'être déçu et de ne pas la trouver, ou de ne voir que l'une ou l'autre de ses facettes. N'est-elle pas là où deux ou trois se réunissent au nom de Jésus, là où deux ou trois aident les démunis et les pauvres, là où deux ou trois tentent de rendre compte de leur espérance dans l'avenir? Oui, de plus en plus de gens ne s'intéressent pas à l'Église, mais aux hommes et aux femmes qui sont démunis et opprimés. L'Église n'est-elle pas chez ces baptisés qui, désabusés par ses institutions actuelles et ses discours, tentent de faire Église autrement? L'écart est devenu presque infranchissable entre leur foi personnelle et l'appartenance à l'Église qu'ils côtoient : « Jésus, oui; l'Église, non. » Nous avons beaucoup à apprendre à aller dans les marges. Un certaine Église est là, mais encore en esquisse ou mieux, en pointillé[4]. Ces nouveautés, parfois encore au stade de

---

4   Voir *Une Église pour le XXIe siècle*, avant-propos de René RÉMOND et Guy AURENCHE, Paris, Bayard/Desclée de Brouwer, 2001; *Faire Église… autrement!*, textes présentés par le Comité épiscopal France-Amérique du Sud, Paris, Les Éditions du Cerf, 1999.

l'intuition et du projet, ont besoin d'être confirmées, approfondies, partagées.

En communion avec les autres Églises

Dans cet ouvrage, je m'arrête à l'Église des milieux francophones du Canada, plus particulièrement du Québec. Je ne peux cependant me permettre d'oublier l'Église de Rome, dont la mission première est d'assurer l'unité de la foi et la communion entre les Églises. Elle a beaucoup d'impact sur la vie concrète de notre Église, et bien des catholiques engagés d'ici et même des évêques se sentent parfois incompris par elle et la craignent. Je n'oublie pas non plus les Églises d'Asie, d'Afrique et d'Amérique du Sud. Elles sont en pleine croissance et s'affirment de plus en plus en prenant des couleurs locales. Certaines connaissent une vitalité remarquable qui nous interpelle. Nous avons beaucoup à recevoir d'elles.

L'Église est toujours l'Église d'un lieu précis et elle se réalise concrètement dans les Églises locales qui sont, en principe, pleinement catholiques. Le cardinal W. Kasper rappelait récemment, non sans raison, que l'Église locale n'est ni une province ni un département de l'Église universelle; elle est l'Église à un endroit donné[5]. Ces dernières décennies, s'est développée une ecclésiologie de communion[6]. Chaque Église doit prendre ses propres responsabilités au nom de la mission qui lui est confiée afin d'être véritablement partenaire des autres Églises et aussi de celle de Rome. La « catholicité » est l'affaire de toute l'Église, et

---

[5] Walter KASPER, « On the Church », dans *The Tablet*, 23 juin 2001, p. 927-930. Il est intéressant et stimulant pour la recherche théologique de suivre le débat entre W. Kasper et J. Ratzinger, deux cardinaux allemands qui occupent des fonctions importantes dans les dicastères romains et ont des opinions différentes sur les rapports entre l'Église universelle et les Églises locales.

[6] Voir Jean RIGAL, *L'ecclésiologie de communion. Son évolution historique et ses fondements* (Cogitatio fidei, 202), Paris, Cerf, 1997.

de tous dans l'Église, sans qu'une personne, un groupe, une institution, une région, ne se prenne pour le tout et la norme. L'ensemble des dons de l'Esprit ne se trouve que dans l'ensemble de l'Église. L'Esprit n'introduit pas l'égalitarisme dans l'Église, mais il fait de tous les chrétiens et chrétiennes et de leurs communautés les collaborateurs les uns des autres. En conséquence, nous devons apprendre à conjuguer l'unité dans la différence, sans gommer les conflits, et à ne pas clore par la contrainte les débats au sujet de l'articulation entre les Églises locales et celle de Rome. En parlant de l'Église d'ici, toute l'Église sera donc à l'horizon[7].

Une Église ébranlée qui se cherche

Quelque chose ne va pas dans l'Église. Cette constatation n'est pas nouvelle. Déjà au Ve siècle, saint Benoît eut l'idée de réunir des chrétiens et chrétiennes dans des monastères pour leur permettre de mieux vivre l'idéal évangélique qu'ils ne trouvaient guère dans leurs milieux. Au XIIIe siècle, constatant que l'Église était sur le point de tomber, François et Claire d'Assise invitèrent les chrétiens et les chrétiennes à vivre en fraternité dans la simplicité et à se mettre en route pour annoncer l'Évangile. Au XVIe siècle, le moine augustinien Martin Luther prit le parti de ramener à l'Évangile l'Église en train de se perdre par des pratiques de dévotion proches de la superstition, par des conduites mercantiles et des abus de pouvoir. Au milieu du XXe siècle, Jean XXIII se proposa de dépoussiérer l'Église et de l'adapter au monde de ce temps en convoquant un concile œcuménique d'*aggiornamento*, c'est-à-dire de mise à jour. À Vatican II, l'Église décida alors de se réformer, de se rajeunir et d'être présente au monde actuel, tout en redécouvrant la fraîcheur de ses origines premières.

---

[7] Voir Hervé LEGRAND, « Églises locales, Églises régionales et Église entière. Éclaircissements sur quelques débats au sein de l'Église catholique depuis Vatican II », dans *L'Église à venir. Mélanges offerts à Joseph Hoffmann*, Paris, Les Éditions du Cerf, 1999, p. 277-308.

Dès 1950, le père Congar, l'un des grands ecclésiologues, a bien montré que l'Église, pour être fidèle à elle-même, devait vivre une « réforme permanente[8] ». L'expression « *Ecclesia semper reformanda* » a été longtemps boudée par les catholiques : ils y respiraient un parfum trop prononcé de protestantisme. Vatican II l'a acceptée et elle figure textuellement dans le *Décret sur l'œcuménisme* (n° 6). La réforme est inscrite dans la nature même de l'Église. Jamais accomplie, elle n'est pas un devoir périodique qui pourrait alterner avec de longues périodes d'exploitation paisible. Pour la mettre en œuvre, le Seigneur a pourvu l'Église d'une norme, mieux encore, d'une source qui ne se tarit jamais et à laquelle tous ont accès : les Écritures actualisées par l'Esprit dans le cœur des croyants et croyantes et dans les communautés chrétiennes. L'identité de l'Église se dessine tout au long d'un chemin, jamais achevé, de conversion. À la façon d'un horizon lumineux mais jamais atteint, l'Église est en vue, visible, mais aussi en vue, toujours « à venir[9] ». Nous pouvons cependant jeter un regard lucide et critique sur la situation de l'Église d'ici afin de saisir comment elle doit s'adapter et se réformer pour mieux réaliser sa mission avant qu'il ne soit trop tard. Depuis quelques décennies, aucune institution ne s'est autant remise en question que l'Église, aussi bien par les évêques au concile Vatican II que par les théologiens et les fidèles. Et ce mouvement est loin d'arriver à son terme.

L'Église au Québec s'est remise en question et a beaucoup changé depuis la Révolution tranquille du début des années 60[10].

---

8   Yves M.-J. Congar, *Vraie et fausse réforme dans l'Église* (coll. *Unam Sanctam*, 20), Paris, Les Éditions du Cerf, 1950. Cet ouvrage bien documenté a beaucoup influencé l'ecclésiologie de Vatican II.

9   Voir Jean-Pierre Manigne, *L'Église en vue*, Poétique de la foi III (coll. *Théologies*), Paris, Les Éditions du Cerf, 1996.

10   Voir : Raymond Lemieux et Jean-Paul Montminy, *Le catholicisme québécois* (coll. *Diagnostics*, 28), Sainte-Foy, Les Éditions de l'IQRC, 2000; Jacques Grand'maison, Lise Boroni et Jean-Marc Gauthier (sous la dir.), *Le défi des générations. Enjeux sociaux et religieux du Québec aujourd'hui* (Cahiers d'études pastorales, 15), Montréal, Fides, 1995.

D'une Église de chrétienté, elle est devenue une Église en minorité ou, mieux, une Église en exil. Tout d'abord, elle a dû affronter la sécularisation de ses œuvres dans le domaine de l'éducation, de la santé et du social. Le moment était venu de remettre à l'État les écoles, les universités et les hôpitaux. Ces changements se firent rapidement, avec un esprit de collaboration et sans trop de bruit. C'était dans un certain sens une libération pour l'Église, car les responsabilités, surtout financières, étaient devenues écrasantes. Ensuite, sous la mouvance de Vatican II, l'Église d'ici s'est empressée, souvent de façon improvisée et maladroite, de mettre à jour sa pastorale, sa liturgie, ses institutions. Beaucoup ont alors abandonné la pratique liturgique parce que, à leur avis, tout changeait trop vite. Ils ne s'y reconnaissaient plus. Prétexte ou coïncidence? Tous ces changements rapides ont de fait coïncidé avec l'arrivée de la télévision, apportant dans tous les foyers des idées et des images nouvelles véhiculant des façons de penser et de vivre étrangères à la culture religieuse traditionnelle. En quelques années, le Québec est entré dans la modernité. En conséquence, il y avait de moins en moins de place pour l'Église. Elle se fit assez silencieuse, tout en collaborant avec la société qui avait tant de défis à relever, et même généreuse de ses biens qui en vérité étaient les biens des gens d'ici. Consciente d'avoir un riche héritage à léguer, elle ne pensait toutefois pas mourir et tenait encore à se donner des projets pour l'avenir. C'est dans ce contexte que les évêques établirent, au début des années 70, une commission d'étude sur les laïcs et l'Église, présidée par le sociologue Fernand Dumont.

Un « concile » d'ici : la Commission Dumont

Cette commission avait d'abord reçu le mandat de trouver des solutions à la crise des mouvements d'Action catholique, particulièrement de la JEC, qui avait éclaté vers les années 1965. S'inquiétant de leurs orientations sociales, les évêques hésitaient à appuyer et à subventionner des mouvements sur lesquels ils avaient de moins en moins d'emprise. Très vite, la commission se rendit compte que la crise de l'Action catholique était le symptôme d'un malaise plus étendu et plus profond qui atteignait toute l'Église d'ici. Elle en vint ainsi à présenter un projet d'Église dans une société en train de devenir plus autonome, moderne et séculière. Il est intéressant de relire aujourd'hui les résultats des travaux de ce groupe d'étude. Le *Rapport Dumont* demeure le document le plus lucide qu'on ait réalisé jusqu'ici sur l'Église du Québec et il n'a presque rien perdu de son actualité. Dès cette époque, on parle de nouveaux chantiers, de concertation, d'engagement missionnaire, de l'importance des sources de la foi, de nouvelles communautés chrétiennes, d'insertion dans la culture actuelle. Le titre du document principal représente en lui-même tout un programme : *L'Église du Québec, un héritage, un projet*[11]. Le *Rapport Dumont*, qui a exigé la collaboration de plusieurs spécialistes et la participation de milliers de catholiques[12], a suscité de l'espoir et un certain enthousiasme, mais pour peu de temps. En effet, il n'a pas réussi à endiguer le déclin de l'Église et, surtout, il n'a pas provoqué les changements de mentalité nécessaires à un renouveau.

Il faudrait nous demander sérieusement pourquoi une telle étude n'a pas eu d'impact. Une tentative de réponse a été apportée lors d'un colloque intitulé *Articuler la foi et la culture aujourd'hui : 30 ans après la Commission d'étude sur les laïcs et l'Église*, tenu au

---

[11] Sous la présidence de Fernand Dumont, la Commission d'étude sur les laïcs et l'Église publia 5 volumes. Vol. 0 : *L'Église du Québec, un héritage, un projet*, Montréal, Fides, 1971, 223 p. Vol. 1 : Nive Voisine, avec la coll. d'André Beaulieu et de Jean Hamelin, *Histoire de l'Église catholique au Québec (1608-1970)*, Montréal, Fides, 1971, 112 p. Vol. 2 : Gabriel Clément, *Histoire de l'Action catholique au Canada français*, Montréal, Fides, 1971, 331 p. Vol. 3 : *Croyants du Canada français 1. Recherches sur les attitudes et les modes d'appartenance*, Montréal, Fides, 1971, 141 p. Vol. 4 : *Croyants du Canada français 2. Des opinions et des attentes*, Montréal, Fides, 1971, 303 p.

[12] Les membres de la commission ont lu 800 mémoires et tenu des audiences dans 23 diocèses. On compte plus de 15 000 personnes qui ont collaboré à cette prise de parole inédite dans l'Église du Québec.

Montmartre canadien, à Québec, les 4 et 5 octobre 2000. À cette occasion, on a pu entendre des témoins et des artisans de la commission, Hélène Chénier et Claude Ryan, mais aussi des jeunes qui découvraient, souvent avec admiration, le *Rapport Dumont*, étonnés d'en être les héritiers[13].

« Célébrons notre foi » : la visite de Jean-Paul II

Le pèlerinage de Jean-Paul II au Canada, du 9 au 20 septembre 1984, fit accourir des foules nombreuses. L'Église d'ici se montra fervente, enthousiaste et attachée à la personne du pape qui a su conquérir les cœurs. Cette visite pastorale fut une réussite médiatique qui montrait une Église encore vivante et nombreuse. Mais qu'a-t-on retenu de ses 34 discours majeurs, de ses allocutions et de ses brèves improvisations ? On l'a applaudi, mais sans pour autant changer ses propres façons de penser et de faire. La visite du pape a-t-elle éveillé des vocations sacerdotales et religieuses ? On a continué à compter sur les doigts d'une seule main les séminaristes et les novices.

La visite du pape laissa en fin de compte peu de résultats dans la vie concrète de l'Église[14]. Le décalage entre la foi chrétienne et la nouvelle culture est une fois de plus apparu irréversible. Le pape était conscient que la culture traditionnelle d'ici avait éclaté et qu'elle s'était ouverte à un pluralisme de courants de pensée. « Dans cette société en mutation, précisa-t-il lors de la célébration eucharistique à l'Université Laval, votre foi devra apprendre à se dire et à se vivre. » Il ajouta : « N'acceptez pas le divorce entre la

---

13 Les actes de ce colloque sont publiés dans un numéro hors-série de *Pastorale Québec*, septembre 2001. Pour une synthèse des exposés, lire Marco Veilleux, « Être fille, être fils du Rapport Dumont », p. 31-34.

14 Voir Raymond Lemieux et Jean-Paul Montminy, « Message et médium : le voyage de Jean-Paul II au Canada », dans Paul Ladrière et René Luneau (sous la dir.), *Le retour des certitudes. Événements et orthodoxie depuis Vatican II*, Paris, Le Centurion, 1987, p. 88-102; Id., « Charisme, mass media et religion populaire. Le voyage du Pape au Canada », dans *Social Compass*, 34/1, 1987, p. 11-31.

foi et la culture. À présent, c'est à une nouvelle démarche missionnaire que vous êtes appelés. »

Risquer l'avenir : un projet lucide et audacieux

En 1989, l'Assemblée des évêques du Québec décida de mener une vaste recherche sur la vie des communautés chrétiennes et leur avenir sous le triple angle de la mission, de la communion et de l'expression de la foi. Cette recherche, confiée à une équipe de l'Institut de pastorale de Montréal, aboutit à la publication en 1992 d'une étude remarquable et bien articulée intitulée *Risquer l'avenir : Bilan d'enquête et prospectives*[15]. La première partie présente les changements que les communautés chrétiennes ont subis ou mis en œuvre et les pratiques pastorales qu'elles ont adoptées au cours des 20 dernières années. Après avoir posé un diagnostic sur leurs forces et leurs faiblesses, l'étude tente d'opérer un discernement afin de vérifier la pertinence des nouvelles pratiques pastorales et d'identifier les façons de voir qui influencent l'élaboration des politiques et le choix des pratiques. On conclut en affirmant que le modèle paroissial, transformé dans le prolongement et l'esprit de Vatican II, ne répond plus aux défis actuels. L'étude se termine par des propositions de pistes concrètes d'avenir. On suggère l'abandon de certaines orientations et pratiques pastorales héritées de l'Église de la chrétienté, comme l'éducation de la foi qui s'adresse seulement aux enfants, la célébration des sacrements pour des demandeurs sans liens avec la communauté, le maintien à tout prix du bâtiment-église. On encourage plutôt les communautés à risquer de nouvelles voies plus cohérentes avec la société devenue pluraliste et sécularisée : l'éducation de la foi des adultes, une pastorale d'offre des sacrements beaucoup plus sélective et accompagnée de voies

---

[15] Comité de recherche de l'Assemblée des évêques du Québec, *Risquer l'avenir. Bilan d'enquête et prospectives* (L'Église aux quatre vents), Montréal, Fides, 1992. Une synthèse du dossier a aussi été publiée sous le titre *Voies d'avenir : résumé de la recherche*, Montréal, Fides, 1992.

alternatives, la formation de petits groupes de partage à l'intérieur de la communauté.

Le document *Risquer l'avenir* comporte certaines limites. En effet, il s'en tient aux pratiques de quelques communautés chrétiennes observées et oublie la nouvelle situation culturelle concrète et les chrétiens et chrétiennes qui ont pris leurs distances à l'égard de l'Église. Nous pouvons aussi y détecter une vision élitiste de la communauté, très centrée sur l'identité chrétienne, et sans ouverture sur la possibilité de divers types d'appartenance ecclésiale et sur le catholicisme culturel caractérisant la société d'ici. Le document invite plutôt à rassembler le « petit reste » de fidèles, pour les faire progresser dans leur foi, et à célébrer les sacrements d'une façon plus authentique. C'est donc un modèle assez étroit de l'Église. En dépit de ses limites, *Risquer l'avenir* a eu le mérite de remettre en question les pratiques pastorales courantes et d'envisager l'avenir autrement.

Du 9 au 11 octobre 1992, près de 600 délégués des diocèses du Québec se sont réunis à Montréal afin de s'approprier les orientations de *Risquer l'avenir*[16]. Les congressistes ont retenu trois options prioritaires : programmes d'éducation de la foi centrés sur les adultes, sensibilisation des membres des communautés à l'importance de la solidarité avec le milieu et priorité des activités pastorales en groupes restreints. Ce congrès, où se manifestaient beaucoup d'enthousiasme et d'audace, avait l'allure d'un nouveau départ. Mais, il faut bien le reconnaître, l'Église d'ici resta sur place une fois de plus. On n'avait pas encore compris que les propositions de *Risquer l'avenir* et les priorités de ce congrès ne pouvaient se réaliser sans une conscience vive de la situation missionnaire de l'Église catholique au Québec. En effet, l'Église ne peut plus fonctionner comme avant. Pourtant, elle n'arrive

---

16   Les actes de ce congrès furent publiés sous le titre *L'avenir des communautés chrétiennes. Rapport du congrès provincial tenu à Montréal en octobre 1992*, Montréal, Fides, 1993.

pas à prendre le tournant. Au lieu d'être un nouveau départ, la rencontre d'octobre 1992 fut en quelque sorte un enterrement solennel du document *Risquer l'avenir*.

L'avenir entre nos mains

Le *Rapport Dumont* et *Risquer l'avenir* expriment avec franchise et perspicacité la situation religieuse et culturelle d'ici. Même si quelques propositions sont à nuancer et à compléter, on doit affirmer que ces études ont eu peu d'impacts concrets. On a réussi à retenir et à répandre des formules nouvelles, devenues des slogans à la mode, mais sans changer en profondeur les institutions et les pratiques pastorales. J'ai souvent l'impression que plusieurs dirigeants et bien des pratiquants réguliers ont toujours la conviction que l'Église d'ici traverse une période difficile, mais momentanée, et qu'avec la bonne volonté, la générosité et la prière tout redeviendra comme avant. Les paroisses continuent à dépérir et on investit peu dans l'éducation de la foi des adultes et l'évangélisation. Une fois de plus, nous constatons qu'il ne suffit pas de former des comités de recherche et de publier des documents pour changer une situation. Il faut également promouvoir une pédagogie du changement, mettre en œuvre de nouvelles pratiques et, surtout, préparer un « personnel » compétent et motivé. De la bonne volonté, nous en avons; nous manquons d'audace, d'imagination et de leadership pour nous lancer sur des chemins inconnus.

Il faudrait se fermer les yeux pour ne pas reconnaître que l'Église d'ici traverse une crise grave, inédite et même mortelle. C'est plus que le déclin habituel d'une saison qui s'estompe pour faire place à une autre. Les institutions ecclésiales, qui semblaient si solides pour les gens de ma génération, tombent les unes après les autres sans faire trop de bruit. Un peu comme les feuilles à l'automne. Il est vrai qu'on est étonné lorsque les journaux rapportent que plusieurs églises et maisons religieuses sont à vendre à Montréal et à Québec. On se console toutefois en pensant que c'est l'ère des changements et du renouveau. Nos dernières énergies, nous les consacrons à entreprendre des réaménagements pastoraux pour combler les vides. Mais ne faut-il pas faire Église autrement? Et les mots ne nous manquent pas : coresponsabilité, partenariat, communion, synodalité, communautés de base, réseaux, nouvelle évangélisation, dialogue... Concrètement, tout un « modèle » d'Église est en train de mourir et il est difficile, pour ne pas dire impossible, pour le moment, de discerner ce qui est en train de naître. Les jeunes pousses sont rares et trop fragiles pour dessiner les contours d'un avenir prometteur.

* * *

Dans les chapitres suivants, nous présenterons à grands traits quelques données sur l'Église d'ici. Les lecteurs et lectrices n'y sont pas étrangers. Les thèmes abordés mériteraient d'être davantage approfondis et développés. Il est toutefois nécessaire de les regrouper, non pas tant pour gémir sur nos problèmes ou encore pour « rêver aux oignons d'Égypte » que pour en tirer des conséquences qui marqueront nos orientations et nos pratiques pastorales. Autrement dit, notre étude ne vise pas seulement à décrire de façon exhaustive la situation présente de l'Église, mais plutôt à dresser un constat, mieux, un diagnostic. Ces données, accompagnées de réflexions, je les considère comme des défis à relever et, surtout, comme des interrogations qui ne peuvent être laissées plus longtemps sans réponse si l'on se soucie de l'avenir du christianisme.

Je vois de l'inquiétude, de la déception et de la souffrance, aussi bien chez les pratiquants réguliers et les personnes impliquées dans la pastorale que chez les recommençants et ceux et celles qui sont en recherche. Oui, beaucoup sont déçus et blessés par l'Église, et je m'en voudrais d'intensifier leurs souffrances.

Est-il nécessaire de préciser que mes propos tentent d'apporter un peu de lucidité et de confiance dans l'avenir de l'Église? J'exprime ce que je constate et je suis certain que bien des lecteurs et lectrices font preuve de plus de perspicacité que moi. Si je porte parfois des jugements rapides et peut-être sans nuances sur la situation de l'Église, loin de moi le projet de la dénigrer. Elle est toujours ma famille, c'est pourquoi je suis si inquiet parfois. Mais j'ai à cœur qu'elle retrouve toute la fraîcheur de l'Évangile et qu'elle redevienne bien vivante[17].

---

[17] Voir Henri BOURGEOIS, *Quel rapport avec l'Église? Confiance et vigilance* (coll. *Pascal Thomas – Pratiques chrétiennes*, 21), Paris, Desclée de Brouwer, 2000.

Chapitre 2

Une Église en déclin

Dieu a passé son temps à détruire des temples pour les reconstruire. La création d'abord : Adam y collait trop, il en oubliait le bâtisseur. Le temple de Jérusalem ensuite : ses destructions et reconstructions jalonnent toute l'histoire juive jusqu'à l'incendie de 70. Le Christ, temple nouveau, prend le relais : Il annonce sa propre destruction. Tout se passe comme s'Il était un obstacle. « Il vous est bon que je m'en aille. » Comment une chrétienté pourrait-elle penser que ce qui est arrivé n'arrive plus. Elle n'est pas plus transparente que le Christ. C'est pourquoi elle passe son temps à naître et à mourir. Dans la mesure où elle tente de s'établir elle est convoquée tôt ou tard à la Passion.

Jean SULIVAN[1]

Dans la société actuelle, les statistiques et les sondages sont à la mode. Nous vivons à l'ère de l'efficacité mesurable et nous prenons très au sérieux les données chiffrées et les sondages. Il en est ainsi dans les Églises de plusieurs pays qui présentent leur « état de santé » en publiant des statistiques détaillées. Même le Saint-Siège s'est doté, en 1967, de l'*Office central de statistiques de l'Église* qui publie tous les trois ans, en trois langues, l'*Annuaire*

---

[1] *Dieu au-delà de Dieu*, Paris, Desclée de Brouwer, 1982, p. 143-144.

statistique de l'Église, pour faire connaître les chiffres officiels, par pays, du catholicisme mondial. Il est risqué d'accorder trop d'importance aux statistiques, qui nous renseignent mal sur la complexité des liens d'appartenance à l'Église, sur les cheminements individuels dans la foi et sur l'influence culturelle de l'héritage chrétien. Les chiffres sont toutefois éloquents et ils constituent une réalité objective qui peut nous en apprendre beaucoup sur la situation concrète de l'Église. Ils nous révèlent que les courbes régressives des catholiques pratiquants, des prêtres et des religieux et religieuses s'accentuent dans la plupart des Églises d'Europe occidentale et d'Amérique du Nord. Ce déclin, nous ne pouvons plus l'assimiler à un provisoire incident de parcours ou au désastre momentané causé par une tempête subite. Lorsqu'on pense à demain, il faut en tenir compte.

La fin de l'ère des pratiquants

Même si environ 85 % des Québécois se disent encore catholiques — dans plusieurs régions, la proportion est de 90 à 95 % —, dans bien des villes et villages, l'église est trop grande, le dimanche. Dans mon village natal, j'ai vu la belle et grande église, avec trois jubés, se remplir chaque semaine, dans les années 50. Depuis quelques années, l'eucharistie dominicale est célébrée à la sacristie durant les mois d'hiver par souci d'économie, et il y a de la place pour tous les pratiquants actuels. Depuis les années 60, la baisse de la pratique dominicale régulière s'est constamment accentuée pour atteindre aujourd'hui une moyenne de 6 à 10 %, et à certains endroits de 3 à 5 %[2]. La pratique dominicale est en chute libre. Les enfants et les jeunes, ceux qui ont moins de 55

---

[2] Il n'est pas facile d'obtenir des statistiques exactes, surtout concernant la participation à la messe dominicale. La notion de pratiquant « régulier » est assez floue. Sur les données actuelles, voir le dernier ouvrage du sociologue bien connu, Reginald BIBBY, *Restless Gods : The Renaissance of Religion in Canada*, Toronto, Stoddart, 2002. Selon lui, 14 % des catholiques du Québec, en 2000, allaient à l'église à chaque semaine. Cette donnée m'apparaît discutable.

ans (!), ne prennent pas la relève des pratiquants plus âgés qui meurent. Je rencontre même des personnes âgées qui ne vont plus régulièrement à la messe sous prétexte qu'elles ont fait leur part durant leur vie. Avec une pointe d'ironie, d'autres m'ont dit : « On commence déjà à s'habituer à ne pas y aller, car bientôt on n'aura plus de messe le dimanche à cause du manque de prêtres. »

La pratique sacramentelle diminue d'année en année. Des parents choisissent, peut-être avec raison, de retarder le baptême de leurs enfants. De plus en plus de gens, surtout dans les grandes villes, ne veulent plus de funérailles à l'église, où ils ne sont plus à l'aise. Les entreprises funéraires offrent des services religieux. Leurs clients évitent ainsi les démarches auprès de leur paroisse qu'ils ne connaissent plus et ils réalisent, semble-t-il, des économies. Dans la plupart des diocèses, la célébration du mariage sacramentel a chuté de plus de la moitié. Quant au sacrement de la réconciliation dans sa forme individuelle, il se fait très rare et il appartient déjà au passé.

Cette diminution marquée de la pratique dominicale et sacramentelle est une donnée qui semble irréversible et dont il faut tenir compte dans les projets pastoraux actuels. Elle est surtout un indice clair que quelque chose est en train de mourir et qu'il y a de moins en moins de catholiques engagés pour assurer l'avenir de l'Église telle que nous la connaissons. L'effondrement de la pratique liturgique, en moins de trente ans, constitue un signe éclatant du déclin de l'Église d'ici, du moins de la « civilisation paroissiale[3] », directement issue du catholicisme post-tridentin. Ce catholicisme était un système totalisant et cohérent d'attitudes et de certitudes à la fois religieuses, morales, sociales et politiques, inculquées dès l'enfance dans la famille, à l'école et à l'église. Toutes les dimensions de la vie des gens étaient animées et contrôlées de bien des façons par l'Église, surtout à

---

3 Voir Danièle HERVIEU-LÉGER, *Vers un nouveau christianisme? Introduction à la sociologie du christianisme occidental*, Paris, Les Éditions du Cerf, 1986, p. 55-60.

l'occasion du rassemblement dominical. Or le repère le plus net d'une rupture avec ce système est la baisse de la pratique liturgique régulière, surtout chez les jeunes qui y deviennent tout à fait étrangers.

L'Église est toujours présente dans le paysage québécois et les gens ont encore, à l'occasion, des réflexes catholiques, mais elle les rejoint de moins en moins. Nous sommes donc les témoins de la fin de l'ère des pratiquants réguliers du dimanche. C'est certainement l'une des conséquences du changement du rôle de la religion et de la foi qui sont devenues, dans les sociétés modernes, des réalités privées et parfois secondaires. Il faut reconnaître cependant un nouveau type de pratiquants qui tiennent à s'insérer dans la tradition chrétienne, à s'imprégner de l'Évangile et même à se déclarer catholiques lors des sondages, tout en prenant leurs distances face à la pratique liturgique et à l'enseignement de l'Église sur plus d'un point. Peut-on compter sur ces « catholiques qui n'ont pas de pratique dominicale » pour bâtir l'Église de demain? La réponse à cette question n'est pas simple.

Les prêtres, une espèce menacée

On rencontre encore des prêtres heureux d'œuvrer en Église et qui ont à cœur l'annonce de l'Évangile[4]. Mais le nombre de prêtres est en chute libre. La baisse de la pratique liturgique fragilise les communautés paroissiales et ne constitue pas un environnement favorable à l'éclosion et à la maturation des vocations presbytérales. Les séminaires du Québec ont fermé leurs portes les uns après les autres, à l'exception de ceux de Montréal,

---

4   Voir le collectif réalisé par Jean-François BOUCHARD, *Profession : prêtre. Trois générations témoignent*, Ottawa, Novalis, 2000. Cet ouvrage présente les témoignages de sept prêtres qui exercent des ministères variés depuis dix, vingt, trente et même plus de cinquante ans. Ces témoignages dessinent un tableau à la fois réaliste et révélateur des prêtres de l'Église d'ici.

de Québec et de Chicoutimi. En septembre 2001, il y avait six nouveaux séminaristes à Québec pour plus de dix diocèses, et huit à Montréal. Plusieurs communautés religieuses cléricales ne comptent aucun novice. Inutile de demander l'aide d'un spécialiste en statistiques pour formuler des pronostics. Au début des années 60, on comptait 280 séminaristes à Montréal, 250 à Québec et de 35 à 50 séminaristes dans chacun des séminaires suivants : Chicoutimi, Trois-Rivières, Sherbrooke, Nicolet, St-Hyacinthe, Rimouski. Il faut ajouter à cela tous les religieux « scolastiques » des diverses communautés religieuses qui avaient des maisons de formation bien remplies, avec un personnel de professeurs de philosophie et de théologie. Je suis un témoin de cette époque. Chez les Oblats de Marie Immaculée, en 1957, nous étions 48 novices au noviciat de Richelieu; depuis quelques années, il n'y en a aucun. En 1958, 150 jeunes Oblats au scolasticat St-Joseph d'Ottawa; cette année, un seul. À l'époque, il y avait au Québec plus de 1 000 candidats au ministère presbytéral; aujourd'hui, nous manquons de prêtres. Qu'en sera-t-il dans 10 ans, dans 25 ans? Au Canada, nous comptons présentement environ 140 évêques résidentiels, auxiliaires et retraités. Il y a plus d'évêques que de séminaristes. Faut-il donc prévoir une pénurie d'évêques dans un avenir prochain?

Depuis une quarantaine d'années, les prêtres ont laissé peu à peu l'enseignement dans les collèges et universités. Ils sont devenus de plus en plus rares dans la pastorale scolaire et hospitalière et dans les aumôneries. Dans les grandes paroisses, là où il y avait trois prêtres, il en reste un seul à qui l'on confie souvent une ou deux autres communautés. Certains prêtres préfèrent ne plus compter combien ils ont de mi-temps et de quart-temps... Cette évolution affecte sérieusement la pastorale et surtout l'évangélisation, car le prêtre n'est plus disponible pour être avec les gens; son temps est presque entièrement consacré à présider des messes et des funérailles. On demande aux prêtres âgés et aux évêques de ne pas prendre leur retraite; ils auraient pourtant droit à un repos légitime. Quelle image du ministère presbytéral sommes-nous en train de donner aux fidèles et, surtout, aux jeunes, qui arrivent à penser que pour devenir prêtre il faut être d'un âge avancé, avoir l'air fatigué et être toujours « à la course »?

Selon le rapport de l'Assemblée des évêques du Québec à l'occasion de leur visite *Ad limina*, en avril 1999, on compte environ 3 300 prêtres diocésains dont à peine 13 % ont moins de 50 ans alors que 35 % ont 70 ans et plus; environ la moitié se situe entre 50 et 70 ans. Dans des diocèses, comme Montréal et Québec, il y a encore beaucoup de prêtres et de religieux prêtres selon les annuaires. Mais une fois éteintes les générations plus nombreuses encore actives dans le ministère, dans leur 3e et 4e âge, il en restera très peu. On peut prévoir que 80 % des prêtres actifs dans les paroisses en 2002 seront à la retraite dans cinq ou sept ans. Dans les diocèses ruraux, la situation est encore plus grave. Des diocèses n'ont pas célébré d'ordination depuis dix ans et ne comptent aucun séminariste. D'autres ont une ordination à tous les trois ou quatre ans. Dans les diocèses de grande étendue, les distances sont un grave obstacle à la présence du prêtre dans les petites communautés. Celui-ci peut suffire encore à certaines tâches de pastorale sacramentelle, mais il ne peut plus entretenir une relation vivante avec l'ensemble de ses paroissiens, puisqu'il est toujours pressé de partir pour aller ailleurs.

Mentionnons également le départ de nombreux prêtres durant les années qui ont suivi Vatican II. Ces départs de prêtres assez jeunes et instruits, œuvrant notamment dans l'enseignement, ont creusé un grand vide au sein des diocèses et des communautés religieuses. Il est triste que les responsables n'aient pas profité de cette situation pour mieux comprendre les symptômes que manifestaient ces demandes de quitter le ministère et pour revoir les conditions d'admission au presbytérat et les exigences concrètes du ministère dans la vie moderne.

Des jeunes prêtres se rencontrent

L'Église du Québec compte environ 150 jeunes prêtres diocésains de un à dix ans d'ordination. En octobre 2000, 70 d'entre eux se sont rencontrés dans le cadre d'un congrès dont ils avaient eux-mêmes pris l'initiative[5]. Ils sont lucides sur la situation de l'Église du Québec et sur le phénomène de la raréfaction et du vieillissement de leurs confrères. La situation amène ces jeunes prêtres à assumer tôt des charges importantes et à être curé de deux ou trois paroisses avant même d'avoir acquis de l'expérience auprès de leurs aînés. Ils sont donc surchargés et plusieurs souffrent de surmenage. Peu nombreux dans leur diocèse, il leur est souvent impossible de se rencontrer et de former équipe. Pour ses aînés, le jeune prêtre est toujours le petit nouveau, même s'il est curé de deux ou trois paroisses depuis quelques années.

À l'occasion de rencontres et de sessions de pastorale, je constate que plusieurs jeunes prêtres ne sont pas toujours heureux dans le ministère paroissial. Ils ne remettent pas en question la paroisse et ses activités, mais ils ont la conviction de l'urgence de rejoindre les gens qui ne viennent plus à l'église. Pour réaliser cela, ils sont prêts à passer du ministère de l'entretien pastoral à celui de l'évangélisation. Ne conviendrait-il pas que quelques-uns soient « mis à part », à l'exemple et à la suite de Paul et de Barnabé (*Actes des Apôtres* 13, 2), pour se consacrer totalement à la mission ici? Leurs évêques affirment qu'ils ont besoin de prêtres pour assurer le ministère paroissial...

Des prêtres d'ailleurs : une solution discutable

Les gens commencent à peine à se rendre compte que les prêtres se font rares et qu'il n'y a pas de relève. Ils en prennent

---

[5] Voir Alain MONGEAU, « Rassemblement des jeunes prêtres du Québec », dans *L'Église canadienne* 34/2, 2001, p. 55-57. Un autre rassemblement de jeunes prêtres du Québec est prévu pour l'automne 2002.

conscience quand la messe du dimanche est remplacée de temps à autre par une ADACE (Assemblée dominicale en attente de célébration eucharistique), présidée par l'une des dames de la paroisse, ou encore quand un paroissien ou une paroissienne baptise de façon régulière. Dans mon diocèse, les gens s'en rendent compte car de plus en plus de prêtres africains, venus étudier à l'Université, sont nommés assistants et même curés de paroisse. La présence de quelques prêtres d'ailleurs permet certes de manifester la catholicité de l'Église et la communion entre les Églises. Souvent, c'est une manière de les aider à payer leurs frais de scolarité. Mais ces prêtres jeunes et généreux ne sont pas nécessairement préparés au ministère dans un environnement culturel fort différent du leur, contrairement aux membres des grandes congrégations missionnaires de jadis. De plus, est-il honnête de priver les Églises d'Afrique et d'Asie de prêtres dont elles ont encore bien besoin? On m'a raconté que l'un ou l'autre des évêques des États-Unis et d'ici se rendent aux Indes, aux Philippines ou en Pologne pour recruter des prêtres. Il convient certes d'offrir aux évêques de ces Églises un don pour couvrir le coût des études de leurs prêtres. Cette pratique se passe de commentaires. Toutefois, faire venir des prêtres de l'étranger est une solution provisoire qui ne peut résoudre un problème structurel. Ne faudrait-il pas profiter de la situation présente du manque de prêtres pour nous demander sérieusement pourquoi nos communautés d'ici n'ont pas comme prêtre l'un des leurs?

Un recrutement qui pose question

Bien sûr, quelques nouvelles communautés, associations ou mouvements[6] ont un certain succès dans le recrutement. Il faudrait cependant être lucide et prudent, car ces groupes favorisent parfois des méthodes de recrutement et de formation discutables. De plus,

---

6   On peut mentionner les Fils de Marie, les Légionnaires du Christ, les Communautés néo-catéchuménales, Marie-Jeunesse, la Famille Myriam Beth'Léhem, The Companions of the Cross.

ils demeurent assez souvent étrangers aux orientations de l'Église d'ici, aux besoins et aux attentes des gens. Ils ont tendance à vivre en cercle fermé et à se soucier davantage du développement de leur groupe que des besoins pastoraux des diocèses. En dépit de leur générosité et d'un certain enthousiasme militant, il faut reconnaître que leur modèle d'Église et leur compréhension du christianisme ont des visées de restauration et ne répondent pas nécessairement aux grandes orientations de Vatican II et des diocèses d'ici. Pour le candidat de ces groupes, être prêtre est une vocation personnelle, un appel à la sainteté. Il se voit surtout dans des fonctions de liturgie et d'animation de la prière et il est peu porté à s'engager dans la pastorale sociale et à être présent dans la société moderne. Il y a peut-être de la place pour ces nouveaux groupes, mais ne misons pas trop sur eux pour préparer l'avenir de l'Église.

Renouveler la théologie de la vocation : une urgence

La situation présente est dramatique. Il n'est pas exagéré de parler d'un effondrement de tout un système qui a fait son temps et qui n'est plus adapté à la société d'aujourd'hui. Après avoir reconnu ce fait, il est urgent de trouver des solutions pour que l'Église puisse assurer sa mission. C'est jouer à l'autruche que d'adopter des solutions qui comblent momentanément les vides, mais qui ne préparent pas l'Église de demain. Je suis consterné de constater que les autorités d'ici et de Rome ne prennent pas d'initiatives sérieuses devant ce tarissement des vocations presbytérales et, surtout, qu'elles ne profitent pas de l'occasion pour repenser la question des ministères. Et il ne suffit pas d'organiser des congrès continentaux sur les vocations, contrôlés par Rome, comme celui qui s'est tenu à Montréal, du 18 au 21 avril 2002. Les quelques initiatives mises de l'avant et tout un discours sur la vocation entretiennent encore chez certains l'espoir d'un retour des vocations presbytérales, comme celles de jadis, et empêchent de trouver des solutions nouvelles qui permettraient à l'Église de remplir sa mission. On maintient le *statu quo* par fidélité à la tradition, manière facile de ne pas prendre les décisions requises par la situation présente. L'institution l'emporte sur le souci d'assurer la vitalité chrétienne du peuple croyant.

Il est temps de nous poser cette question, même si elle est dure à entendre : « L'Église ne creuse-t-elle pas sa propre tombe en s'accrochant à une vision figée et désuète de la vocation[7] ? » Avec les années, j'ai acquis la conviction que l'Église ne peut plus se permettre d'appeler au ministère presbytéral uniquement des hommes, de préférence jeunes, qui acceptent de vivre le célibat. Pour répondre aux exigences actuelles, le bassin de candidats aptes au presbytérat est devenu trop limité et trop pauvre. L'Église se prive ainsi, du moins pour le moment, de ressources qui seraient utiles et nécessaires pour exercer ses activités pastorales. On en vient à juger le candidat au ministère presbytéral davantage sur ses aptitudes au célibat que sur ses capacités à animer et à présider une communauté. Je suggère de relire avec attention la première lettre à Timothée (3, 2-8) qui souligne les qualités requises pour la « présidence » d'une communauté. En substance, Paul affirme dans ce texte que l'*épiscope* (on pourrait ajouter le *presbytre*) ne peut « répondre » de l'Église s'il ne « répond » pas déjà de sa maison et que sa responsabilité dans l'Église suscitera le soupçon si elle n'est pas déjà enracinée dans la vie domestique quotidienne. S'il ne sait pas « gouverner sa propre maison », comment aura-t-il soin de « l'Église de Dieu » ? Autrement dit, les candidats aux ministères devraient être des personnes mûres, responsables et riches d'une expérience de vie. À propos du manque de prêtres, Mgr Albert Rouet, évêque de Poitiers, a tout à fait raison d'écrire : « Notre manque a un sens. Il est le lieu d'un renouvellement, d'un appel, d'un nouvel envoi. Le désir de correspondre à l'image

---

[7] J'emprunte cette question formulée par Marc Leboucher dans l'ouvrage de René RÉMOND, *Le christianisme en accusation*, Paris, Desclée de Brouwer, 2000, p. 76.

idéale d'hier nous est fermé, faute de moyens. L'image de demain n'est pas encore levée. Il reste le réalisme d'aujourd'hui, source du bonheur[8]. »

Même si le nombre d'ordinations repartait à la hausse dans un avenir prochain, et nous n'en avons pas encore d'indices, un certain point de rupture est atteint qui marquera pour longtemps la vie de l'Église d'ici. Lorsqu'un parti politique, un syndicat, un mouvement n'arrive plus à recruter de nouveaux cadres, surtout des jeunes, on s'interroge, et avec raison, sur sa vitalité, sa pertinence et son avenir. Dans la société, les exemples abondent. Or l'Église d'ici n'arrive plus à recruter les prêtres dont elle a besoin. Imaginerait-on une entreprise où les trois quarts du personnel auraient plus de 65 ans et où les patrons resteraient sans réactions? C'est pourtant la situation de l'Église d'ici et de son clergé. Les raisons de cette récession sont multiples : rôle peu valorisé du prêtre dans la société et crise d'identité, image pour le moins douteuse du prêtre véhiculée par les *mass media* rapportant les cas d'agression sexuelle, familles brisées, mentalité sécularisée et, surtout, forte baisse du taux de natalité. Il faut bien admettre que l'idée de la « fin des prêtres » est en train de s'ancrer chez les fidèles, dans l'opinion publique et dans le corps clérical lui-même. On redistribue les fonctions, on regroupe et on fusionne les paroisses, on promeut les ministères exercés par les laïcs, mais on a bien l'impression que tout le système est en train de s'écrouler et qu'on ne sait plus où l'on va. Or la pastorale doit s'organiser autrement que dans un climat d'incertitude qui perturbe l'image du prêtre et de son rôle. À travers les problèmes du recrutement et de la formation des prêtres, c'est toute la question de la mission actuelle de l'Église qui est posée. Nos communautés chrétiennes ne donnent plus de prêtres parce qu'elles n'éprouvent plus le désir de se développer selon un certain modèle hérité du passé. La

---

8   Mgr Albert Rouet, « Moins de prêtres. Plus de prêtres heureux. Plus de prêtres », dans *La documentation catholique*, n° 2116, 1995, p. 474. J'encourage fortement la lecture de l'article si serein de Mgr Rouet.

pénurie de prêtres nous presse donc de repenser de façon inédite et adaptée à la société d'aujourd'hui les questions de l'animation des communautés et de l'appel aux ministères.

Nous n'en sommes encore qu'au début de la crise. Les évêques sont conscients de la situation, mais ils n'osent pas prendre de décisions, sous prétexte d'assurer la communion avec Rome. Ils oublient qu'ils sont eux aussi, dans leurs diocèses respectifs, des successeurs légitimes des Apôtres et qu'ils ont la responsabilité de donner à leurs communautés les ministres ordonnés auxquels elles ont droit. On peut déplorer que ce point n'ait pas été abordé plus franchement lors du dernier synode romain d'octobre 2001.

Le rôle du prêtre ne se comprend qu'à l'intérieur de la mission de l'Église. On ne peut s'intéresser au problème de la pénurie de prêtres et aussi d'agents et agentes de pastorale, sans d'abord répondre à deux questions : quelle mission l'Église d'ici se donne-t-elle? Qui exercera cette mission? Nous ne préparons pas sérieusement l'avenir de l'Église en maintenant une conception du prêtre qui nous vient d'un contexte culturel et ecclésial d'une époque révolue. En tenant à conserver ce modèle traditionnel, avec un léger vernis d'adaptation, on ne fait que retarder l'effondrement d'une Église[9]. Ce n'est pas en ordonnant cent prêtres de plus qu'on sauvera le catholicisme d'ici. La crise est beaucoup trop profonde.

Les noviciats transformés en infirmeries

L'Église d'ici a beaucoup reçu des communautés religieuses d'hommes et de femmes, notamment dans le domaine de l'éducation et de la santé. Depuis que l'État a pris en main les écoles et les hôpitaux, plusieurs religieuses se sont impliquées dans la pastorale paroissiale. Cette évolution n'est pas sans susciter

---

[9] Voir *Des prêtres pour demain. Situations européennes* (sous la dir. de Jan KERKHOFS), Paris, Cerf/Lumen Vitæ, 1998, notamment p. 209-242.

des conflits avec leur propre vocation et le charisme de leur institut. Pour suppléer au manque de prêtres, certains responsables d'Église tiennent fortement à confier des tâches pastorales aux religieuses et aux religieux et à remettre des paroisses aux religieux-prêtres. Cette politique risque d'exprimer à la longue une méconnaissance de la vie religieuse apostolique. Dans un sens, les communautés religieuses cléricales ne rendent pas service à l'Église en acceptant trop facilement des paroisses et, surtout, en animant une paroisse comme le fait tout prêtre diocésain. Je comprends facilement le désarroi de certains évêques devant le manque de prêtres pour leurs paroisses. Mais il ne faudrait pas que la vie religieuse, même celle des instituts cléricaux, dilue sa spécificité propre en se consacrant exclusivement aux tâches pastorales et aux paroisses. Je reconnais aussi qu'il n'est pas facile pour les communautés religieuses de trouver des activités qui correspondent à leur charisme. Il est donc souvent plus facile de répondre aux invitations des évêques que de chercher des lieux nouveaux d'insertion. L'âge avancé des religieux et religieuses ne favorise pas tellement l'audace et la créativité. L'avenir de la vie religieuse est sombre et menaçant, comme celui de l'Église.

Le soutien financier que les communautés religieuses apportent encore aux œuvres et aux mouvements ecclésiaux est considérable. Si on en faisait le calcul, on serait étonné des résultats. On doit prévoir toutefois que les communautés ne pourront bientôt plus apporter cette contribution monétaire. Très peu de leurs membres sont salariés; plusieurs communautés ne vivent que des pensions de vieillesse et des intérêts de leurs placements, et les soins de santé accaparent de fortes sommes.

La plupart des communautés n'ont plus de novices depuis plusieurs années. Il est vrai que certaines d'entre elles avaient été fondées pour des tâches qui n'ont plus tellement leur raison d'être dans le contexte actuel, comme le service auprès des prêtres, l'enseignement, les soins hospitaliers. Même les communautés qui se sont adaptées à la pastorale actuelle, et qui ont encore des œuvres utiles et indispensables, ne réussissent pas à recruter. La survie de plusieurs instituts est en jeu, surtout ceux qui n'ont pas été missionnaires à l'étranger. Quand la pyramide des âges ne cesse de s'accentuer, on arrive à un point de non-retour, car les rares jeunes recrues ne peuvent pas s'intégrer à un groupe vieillissant. Cette situation pousse plusieurs congrégations à s'associer ou à demander l'hospitalité à celles qui sont plus nombreuses et mieux organisées dans le soin des personnes malades et âgées. Heureusement, on constate chez un grand nombre de membres âgés des communautés religieuses une profonde sérénité. Ils sont conscients d'avoir beaucoup travaillé et d'avoir été utiles à l'Église et à la société à un moment où l'on avait besoin d'eux. Leur mission est désormais accomplie et, comme le serviteur dévoué de l'Évangile, ils attendent leur récompense finale. Bien sûr, l'avenir d'une communauté religieuse ne peut se réduire à assurer sa survie; une congrégation est appelée à apporter une forme singulière de témoignage évangélique qui s'exprime dans un service indispensable à la mission de l'Église dans la société contemporaine. C'est pourquoi les communautés religieuses doivent impérativement trouver le courage de rassembler leurs forces vives autour d'un projet nouveau, même modeste, qui contribuera à réaliser la mission de l'Église aujourd'hui[10].

Les causes de la diminution et de l'absence de vocations à la vie religieuse sont pour une part les mêmes que pour les vocations presbytérales. Le développement de la vie religieuse est l'un des signes de la vitalité de l'Église. Or, dans une Église en déclin et dans une société de plus en plus sécularisée, il ne faut pas s'attendre à une reprise prochaine de la vie religieuse. Les communautés nouvelles nous donnent parfois un peu d'espoir — davantage en France qu'ici —, mais elles sont loin de remplacer toutes ces

---

10 Voir Benoit GARCEAU, « Un sacrement collectif indispensable à la mission de l'Église », dans *La Vie des communautés religieuses*, janvier-février 2002, p. 15-25.

communautés qui ont tellement contribué au catholicisme de chez nous. Ces nouvelles communautés sont encore bien fragiles, et parfois en marge de la pastorale et de la spiritualité mises de l'avant par l'Église. Il faut cependant leur faire confiance, car l'histoire de la vie religieuse, surtout celle des débuts du XIXe siècle, nous apprend à être prudents dans nos jugements et à laisser place à l'imprévisible.

Dans toutes les villes, dans tous les villages, les communautés religieuses ont joué un rôle important, pas toujours reconnu à sa juste mesure, pour assurer et développer la vitalité des œuvres de l'Église. Leur départ creuse un grand vide, même si plusieurs de leurs œuvres sont confiées à des laïcs et à des corporations qui essaient d'en conserver l'esprit et le charisme. On regrette certes la fermeture, généralement sans trop de bruit, de maisons, d'institutions, de services divers. Il faut surtout déplorer la perte du témoignage évangélique donné par tant de religieux et religieuses qui avaient le souci de secourir les démunis et les marginalisés de la société. Le déclin de la vie religieuse est un indice de l'état de santé de l'Église[11].

De plus en plus de diacres permanents

Le nombre d'ordinations presbytérales et d'entrées dans la vie religieuse a connu une chute très forte; en revanche, celui des ordinations au diaconat permanent est en hausse. Au Québec, nous comptons en 2002 environ 380 diacres permanents. C'est une réalité importante de l'Église d'ici dont on doit tenir compte. Quelques diocèses n'ont pas opté pour ce ministère ordonné, sous prétexte de ne pas alourdir l'institution ecclésiale d'une nouvelle structure cléricale portant ombrage aux laïcs impliqués dans les divers ministères. Ce que fait un diacre, affirme-t-on, tout baptisé

---

11   Sur la vie religieuse aujourd'hui, je recommande le livre à la fois rafraîchissant et libérant de Timothy RADCLIFFE, « *Je vous appelle amis* ». *Entretiens avec Guillaume Goubert*, Écrits, Paris, La Croix/Les Éditions du Cerf, 2000.

peut le faire. Cette position est discutable. Effectivement, le diacre ne fait pas, le plus souvent, autre chose que ce qu'accomplissent les laïcs. Mais, ne l'oublions pas, il le fait sacramentellement au nom du Christ-Serviteur, en espérant que son ministère aura un effet d'entraînement, stimulant les autres chrétiens à s'impliquer dans le service.

Même si Vatican II a rétabli le diaconat permanent et que plusieurs diocèses acceptent ce ministère ordonné, des hésitations subsistent encore. En effet, la théologie du diaconat et, surtout, son exercice concret ne sont pas sans ambiguïtés. La place des diacres au sein des communautés chrétiennes, ainsi que leur rapport aux autres ministères ordonnés et aux laïcs engagés dans les responsabilités pastorales, se précisent et se cherchent tout à la fois[12]. Le diacre permanent n'est certes pas un « sous-prêtre » marié, ni un « super-laïc », expressions un peu inquiétantes pour l'image qu'elles proposent des prêtres et des laïcs, et peu encourageantes puisqu'elles expriment le ministère du diacre uniquement par la négative.

De plus, certains hésitent à encourager le diaconat permanent, encore réservé aux hommes. Le magistère se montre nettement opposé à l'ordination presbytérale des femmes, mais il laisse la question ouverte en ce qui concerne leur accession au diaconat. Pourquoi ne pas envisager un diaconat féminin, qui ne comporte pas d'objection doctrinale selon la Tradition qui a connu l'ordre des diaconesses, principalement dans les Églises d'Orient? Lors de sessions aux diacres, j'ai constaté que les épouses, obligées de suivre la même formation, sont souvent beaucoup plus intéressées à la théologie et plus compétentes en pastorale que leur conjoint.

---

12   Voir Alphonse BORRAS et Bernard POTTIER, *La grâce du diaconat. Questions actuelles autour du diaconat latin*, Bruxelles, Éditions Lessius, 1998; *Diaconat, XXIe siècle* (sous la dir. de André HAQUIN et Philippe WEBER), Bruxelles, Lumen Vitæ, 1997; Bernard SESBOÜÉ, « Quelle est l'identité ministérielle du diacre », dans *L'Église à venir. Mélanges offerts à Joseph Hoffmann*, Paris, Les Éditions du Cerf, 1999, p. 223-257.

L'ordination diaconale des femmes exerçant déjà des responsabilités en paroisse et dans les œuvres auprès des démunis pourrait être une manière de reconnaître leur place dans l'Église et de voir en elles ce que tend à signifier le sacrement du diaconat, c'est-à-dire l'initiative du Christ Serviteur. Puisque le diaconat permanent n'est pas une étape vers le presbytérat, l'ordination diaconale de femmes ne pourrait être considérée comme une avancée stratégique vers un sacerdoce qui leur est encore interdit. La question du diaconat féminin doit donc rester à l'ordre du jour. Il conviendrait que les femmes elles-mêmes prennent part à la discussion et à la décision pour que le ministère de diaconesse exprime leurs charismes et leur mission dans l'Église et le monde.

Le diaconat ne se situe pas du côté de la charge formellement pastorale de la présidence et de l'animation des communautés. La présidence ne revient pas au diacre et sa place n'est pas d'abord à l'autel, mais au sein de la communauté. Il peut certes lui arriver d'exercer un leadership dans la communauté et de servir à l'autel, à condition de remplir à fond une mission qui le requiert ailleurs. Concrètement, le diacre n'est pas pasteur, comme le sont l'évêque et le prêtre. Il doit plutôt assurer un service particulier dans la communauté et pour le monde, c'est-à-dire la « diaconie » de la charité, de la parole et de la liturgie. Le ministère de la charité est le plus central et colore les deux autres. Le diaconat permanent ne doit pas être absorbé par le service liturgique, en glissant indûment vers un ministère pastoral qui n'est pas le sien au regard de la Tradition. D'un autre côté, ce ministère ordonné ne doit pas se séculariser dans les divers services sociaux de notre époque, au risque de perdre sa valeur de témoignage rendu à la diaconie du Christ. Cela étant dit, le diacre permanent a sa place dans l'Église.

Avec l'urgent besoin de ministres que connaît l'Église d'ici, la tentation est grande d'espérer du diacre une suppléance pour des tâches pastorales qui ne lui reviennent pas, même si le Droit canonique lui permet de les remplir. Autrement dit, il ne devrait pas être ordonné pour présider de façon habituelle le baptême et faire l'homélie. De plus, je constate que certains diocèses n'exigent pas des candidats au diaconat une formation théologique et spirituelle très poussée. Je suis vraiment étonné qu'on confie aux diacres le ministère de la prédication et de l'homélie sans exiger des études théologiques sérieuses, surtout de la Bible et de son actualisation. Pourtant, les ressources ne manquent pas. L'ordination ne leur confère pas la compétence théologique et pastorale.

Par leur implication professionnelle dans la société et par leur vie de couple et de famille, les diacres donnent une nouvelle figure du ministère ordonné. Ils représentent une autre voie d'accès au ministère ordonné, qui ne part plus systématiquement de jeunes qui acceptent le célibat, mais d'adultes le plus souvent mariés. Il ne faudrait pas cependant voir en eux des remplaçants éventuels des pasteurs et rêver que c'est parmi eux qu'un jour l'Église pourra ordonner prêtres des hommes mariés. Ces vues détruisent la place du diaconat permanent et risquent de le réduire, comme par le passé, à une étape vers le presbytérat.

Dans notre présentation de l'Église d'ici, il nous faut donc tenir compte de la présence de plus en plus marquante des diacres. Ils ne représentent cependant pas une solution d'avenir qui ralentira le déclin de l'Église. Depuis une trentaine d'années, on a tenté de donner des figures concrètes à ce ministère ordonné. Beaucoup reste à inventer, mais les diacres ne remplaceront pas les prêtres, de plus en plus rares et âgées.

Le ministère pastoral confié à des laïcs

Depuis trente ans, le visage de l'Église a beaucoup changé. Il suffit de visiter quelques paroisses, le dimanche matin, pour constater ces changements. De plus en plus de laïcs, souvent aussi âgés que les prêtres et surtout des femmes, remplissent des fonctions liturgiques, comme la proclamation de la Parole et la prédication, la distribution de la communion, l'accueil. Dans les communautés, des laïcs exercent des fonctions réservées auparavant aux prêtres comme la préparation aux sacrements de l'initiation et du mariage, la visite aux malades, la célébration du baptême, l'animation et la prise en charge de la communauté et du rassemblement du dimanche. Au-delà du cadre paroissial, des laïcs, hommes et femmes, occupent des fonctions d'autorité et d'administration à la chancellerie diocésaine, au tribunal ecclésiastique et dans les services de pastorale d'ensemble. Ils exercent aussi des ministères qui étaient auparavant l'apanage des aumôniers dans les milieux hospitaliers et éducatifs, dans les forces armées et dans des mouvements à l'échelle diocésaine et nationale.

La lecture comparée des annuaires diocésains de 1970 et de 2001 montre clairement la courbe régressive des effectifs du clergé et la courbe progressive des laïcs exerçant des ministères et des fonctions administratives. Ces changements s'expliquent certes par la diminution du nombre de prêtres, mais aussi par la volonté des responsables d'assurer les services ecclésiaux aux communautés et par la prise de conscience chez les laïcs de leur responsabilité dans l'Église. Ces nouvelles pratiques ministérielles sont dans la foulée ecclésiologique de Vatican II. Le Concile a en effet reconnu que les baptisés participent à la fonction sacerdotale, prophétique et royale du Christ et qu'ils sont tous appelés à prendre part à la mission d'évangélisation de l'Église. Mais les Pères du Concile étaient loin de s'attendre à une diminution aussi prononcée des prêtres en Occident et à un ébranlement aussi profond des valeurs chrétiennes et des institutions ecclésiales.

À l'occasion, les textes officiels rappellent que les ministères exercés par les laïcs sont de la « suppléance », tenant ainsi à assurer l'identité du prêtre[13]. Mais que signifie une suppléance qui, au

---

13   Dans l'exhortation apostolique *Christifideles laici*, n° 23, Jean-Paul II réaffirme que les ministères exercés par les laïcs ne les constituent pas pasteurs et qu'ils sont des suppléants.

lieu d'être exceptionnelle et temporaire, devient normale et fréquente? Loin d'être un simple palliatif, les ministères exercés par les laïcs expriment la place qui leur revient dans une Église tout entière ministérielle. Mais cette nouveauté pose la question de l'identité du prêtre et du laïc. Les laïcs, qui reçoivent une mission pour l'exercice de ministères réservés normalement aux ministres ordonnés, deviennent des coopérateurs des évêques, avec les prêtres et les diacres. D'un point de vue théologique, nous nous demandons si ces laïcs sont encore des laïcs, puisque le ministère qu'ils exercent ne trouve pas son fondement uniquement dans le baptême et la confirmation, mais dans une délégation ou une mission de l'évêque. Bref, ces animatrices et animateurs laïques exercent des fonctions de clercs, mieux, de pasteurs, sans être ordonnés. Pourquoi l'Église ne les ordonnerait-elle pas? Est-ce parce qu'ils sont mariés ou femmes? N'ont-ils pas déjà la grâce (la *res* selon les anciens théologiens) du ministère ordonné sans avoir reçu l'imposition des mains (le *signum*)? Lors d'une réunion de l'épiscopat allemand au printemps 1994, le cardinal W. Kasper, alors évêque de Rottenburg, posa cette question, sans cependant apporter la réponse : « Ne faut-il pas ordonner ceux qui dirigent *de facto* la communauté et qui en ont la compétence[14]? » Il ajoutait cependant qu'il faut éviter toute discussion irréaliste et mettre à profit toutes les possibilités prévues par le Code de droit canonique. Entre-temps, le nombre de laïcs impliqués dans des ministères d'animation des communautés ne cesse d'augmenter, tandis que le nombre de prêtres est en diminution constante.

L'Église d'ici ne peut plus se passer des laïcs engagés dans les divers ministères et elle serait vraiment dépourvue s'ils décidaient un jour de « faire la grève ». Il nous faut admettre que l'exercice des ministères, notamment des ministères sacramentels, par des laïcs est une situation nouvelle dans l'Église et que nous sommes

---

14   Dans *Herder Korrespondenz*, 1994, 5, p. 226-228.

encore à la phase d'expérimentation qu'il nous faut gérer avec discernement et lucidité. Les expériences actuelles nous poussent à repenser toute l'organisation des ministères afin d'en finir avec cette opposition clercs/laïcs, souvent vécue sous l'angle de la compétition et de la lutte de pouvoir, comme si ce qui est confié aux uns était enlevé aux autres[15]. Rien n'est enlevé au prêtre, mais ne doit-il pas trouver une façon de vivre autrement son propre ministère[16]? De plus, on peut penser que toutes ces femmes, rémunérées et bénévoles, ayant reçu de leur évêque un mandat ou une lettre de mission pour exercer une charge pastorale, sont en train de faire naître une nouvelle figure du ministère, aux conséquences à la fois imprévisibles et pleines d'espoir pour demain.

L'engagement des laïcs dans la pastorale est une voie d'avenir, mais à la condition de ne pas les soustraire à leur mission dans le monde du travail, de la politique et du social, de la pensée et de l'art. Depuis quelques années, nous devons admettre que nous comptons de moins en moins de laïcs impliqués dans les diverses sphères des activités séculières. Les mouvements d'Action catholique avaient suscité chez nous des chrétiens et des chrétiennes qui ont exercé des rôles importants dans la société, aussi bien dans la politique, le social que dans les arts. Mais depuis quelques années, les laïcs engagés dans l'Église sont absorbés par la pastorale et les services diocésains. C'est la mission de l'Église dans le monde qui en souffre.

Tout en jetant un regard positif sur l'implication des laïcs dans les ministères et les responsabilités ecclésiales, il nous faut constater quelques faits inquiétants pour l'avenir des communautés chrétiennes. Tout d'abord, l'âge moyen de la majorité de ces laïcs se situe au seuil du troisième âge. Ces personnes sont

---

15   Voir Jean-Pierre ROCHE, *Prêtres-Laïcs. Un couple à dépasser*, Paris, Les Éditions de l'Atelier/ Les Éditions Ouvrières, 1999.

16   Sur ce point, je suggère Jean RIGAL, *Horizons nouveaux pour l'Église*, Paris, Les Éditions du Cerf, 1999, p. 75-83.

presque aussi âgées que les prêtres. Qui remplacera cette dame qui s'occupe de l'initiation sacramentelle, ce couple responsable de la pastorale du mariage? Ce problème de recrutement reflète la situation des communautés et le contexte général de l'évolution de la foi dans notre société. Bien des jeunes adultes, ayant obtenu le baccalauréat et la maîtrise en théologie et en pastorale, sont intéressés à exercer des ministères dans l'Église. Mais les diocèses et les paroisses n'ont pas les moyens financiers pour les embaucher et les rétribuer de façon convenable. Ils ont parfois d'autres priorités, jugeant plus urgente la rénovation des fenêtres et du toit de l'église... De plus, en faisant des prévisions réalistes sur les revenus des paroisses et des diocèses, on peut montrer que dans cinq ou sept ans la plupart ne pourront pas offrir de salaires convenables aux agentes et agents de pastorale. On devra donc faire appel au bénévolat, déjà promu depuis quelques années. Cet avenir n'est pas très prometteur, surtout pour ceux et celles qui ont des responsabilités familiales.

Une autre fragilité provient du manque de formation théologique et pastorale. Peut-on exiger un diplôme universitaire de toutes ces personnes impliquées dans une responsabilité pastorale? Elles n'ont ni la disponibilité, ni l'occasion, ni les moyens financiers pour entreprendre les études requises. Ce manque de préparation intellectuelle risque d'entraîner à la longue des dérives ou des durcissements qui menacent la qualité de la foi chrétienne. Finalement, il faut reconnaître que la majorité des personnes impliquées en pastorale sont des femmes — plus de 90 %. Dans un sens, c'est une grâce. Les femmes sont certainement plus généreuses que les hommes dans les services exigeant un dévouement discret et soutenu. Mais un meilleur équilibre entre femmes et hommes dans les ministères serait souhaitable et même plus sain pour éviter que l'exercice des ministères baptismaux soit réservé à un sexe, comme nous l'avons affirmé pour le ministère presbytéral.

* * *

Les pratiquants sont de moins en moins nombreux et plusieurs de nos églises sont vides. Cette constatation est devenue un refrain, tant dans les réunions de pastorale que dans les médias. Mais je suis heureusement étonné d'en compter encore autant! Dans un monde toujours à l'affût du nouveau et de l'inédit, connaît-on un seul mouvement ou organisme qui puisse rassembler encore autant de gens plus de 52 fois par année? À Noël et à Pâques, durant le Carême et à l'occasion de funérailles, bien des églises se remplissent. Tenant compte des si nombreuses sollicitations de notre société, le rythme de la pratique hebdomadaire est loin d'être facile, ou même possible. Il faut donc nuancer quelque peu notre discours sur la pratique liturgique, et surtout ne pas « pénaliser » tous ces gens qui sont là, le dimanche, dans une démarche de foi dont nous n'avons pas à douter de la sincérité.

Il reste que l'Église d'ici connaît un déclin qui se manifeste par la diminution constante du nombre de pratiquants réguliers et par son incapacité à susciter des vocations au ministère presbytéral, à la vie religieuse et même aux ministères baptismaux. Dans une Église, comme dans une communauté religieuse, où les personnes qui exercent des fonctions de direction et d'animation sont fatiguées et âgées, il faut s'attendre à trouver beaucoup de prudence et même de sagesse, mais assez peu d'audace, encore moins d'imagination et de créativité. Ces dernières caractéristiques sont pourtant requises pour ouvrir des chemins nouveaux.

Le « personnel » de la pastorale et les dirigeants dans l'Église d'ici et de Rome sont-ils trop âgés pour engendrer? Comme la plupart des communautés religieuses et des paroisses? Allons-nous donc mourir bientôt sans enfants, comme le pensaient Abraham et Sara (*Genèse* 18, 11)[17]? Nous ne pouvons plus cacher notre stérilité et nous sommes même en train de perdre le désir d'engendrer. Selon la Bible, la stérilité a plus d'une fois été une

---

17 Voir Gilles ROUTHIER, « L'initiation chrétienne au Québec ou de la difficulté à enfanter », dans *L'Église canadienne*, 34/8, 2001, p. 223-235.

bénédiction de la part de Dieu qui peut toujours donner une descendance à celle qui lui fait confiance[18]. Évoquons Anne, la mère de Samuel (*1 Samuel* 1, 5), la mère de Samson (*Juges* 13, 2), Élisabeth, la mère de Jean le Baptiste (*Luc* 1, 7). Pour ces femmes, la stérilité était une humiliation et même une honte, dans le contexte culturel et religieux de leur époque. N'est-ce pas ce que l'Église d'ici est en train de vivre? De même que la stérilité de ces femmes de la Bible a été l'occasion de mettre en évidence l'initiative et la liberté de Dieu, de même la stérilité actuelle de l'Église d'ici peut inaugurer, dans la discrétion, un moment de grâce où Dieu sera libre de faire du neuf. Il ne faut certes pas nous réjouir de la pénurie des vocations; au contraire, il est nécessaire d'interpeller, d'encourager et d'espérer.

Cette période de stérilité mérite d'être traversée avec humilité, lucidité et espérance. L'Église d'ici vit un dépouillement sans précédent. Nous traversons une nuit noire où l'aurore d'un jour nouveau se fait attendre. Pour le malade inquiet, la nuit est toujours trop longue.

---

[18] Voir Jacques NOYER, « L'Église humiliée », dans *Christus*, n° 178, 1998, p. 154-165. Pour cet auteur, l'Église connaît présentement l'épreuve de l'impuissance, celle de l'insignifiance, en plus de la stérilité.

Chapitre 3

Une Église qui ne transmet plus

> *Transmettre est essentiel pour vivre, c'est-à-dire pour donner un avenir à l'histoire. Ce n'est pas conserver un passé sous le mode de le répéter, mais c'est faire référence à ce passé, répondre du passé qui nous a constitués et, du même mouvement, s'en dégager, s'en éloigner pour rendre un avenir possible.*
>
> Joseph MOINGT[1]

« Ça ne passe plus! » « Ça ne colle plus! » Voilà le constat entendu aujourd'hui, tant dans les réunions de pastorale que dans les familles. La transmission de la foi chrétienne est en panne et on ne voit pas trop comment rétablir le courant. Un fossé se creuse et s'élargit entre ceux et celles qui vont régulièrement à l'église et tous les autres qui ont pris leurs distances, entre les personnes âgées et les jeunes. On n'observe pas tellement de conflits, mais plutôt la coexistence de deux mondes qui ne se rejoignent plus.

Une rupture qui s'accentue

Dans une famille que je connais bien, les parents ont été très impliqués dans l'Action catholique durant les années 50 et 60. Ils

---

[1] « Le fil de la transmission », dans *Recherches de science religieuse*, 81/1, 1993, p. 6.

y ont développé une vie de foi adulte et rayonnante. À leur suite, leurs quatre enfants se sont engagés dans les mouvements de jeunes et dans le renouveau de Vatican II. Mais ce fut de courte durée. À partir des années 70, presque sur la pointe des pieds, ils ont abandonné la pratique liturgique et ont pris leurs distances vis-à-vis de l'Église, tout en gardant une admiration sans borne pour leurs parents, toujours de fervents pratiquants à qui ils demandent de prier pour eux dans les moments difficiles. Et aujourd'hui, les petits-enfants, très attachés à leur grand-maman, sont sans liens et sans référence à l'Église. La foi chrétienne a certes laissé sa marque dans les valeurs que vivent ces jeunes. Mais on a beau parler de justice, d'amour, de respect des autres et d'attention aux démunis, toutes ces valeurs se détachent peu à peu du christianisme. Sans lui, seront-elles demain des valeurs qui feront vivre? On se rend bien compte que l'héritage religieux et moral ne se transmet plus. La « mémoire chrétienne » s'efface et nous sommes entrés dans une ère postchrétienne.

Les parents d'aujourd'hui, baptisés mais non pratiquants en grande majorité, demeurent convaincus que la foi et les valeurs chrétiennes sont un héritage précieux à transmettre à leurs enfants[2]. C'est pourquoi plus de 75 % d'entre eux inscrivent encore leurs enfants aux cours d'enseignement religieux. Ils reconnaissent que le message chrétien est pertinent et qu'il peut être, à certaines heures, une source de courage et d'espérance. Mais les parents sont devenus incapables de transmettre la foi, car ils n'ont plus les mots pour l'exprimer et ils sont trop éloignés de la communauté chrétienne. Ils sont démunis et incertains. De plus, leur voix devient une voix parmi bien d'autres qui se font plus pressantes et plus attrayantes, ces voix des vedettes, des vidéoclips, des films, de la télévision… Dans ce contexte, bien des parents responsables

---

2   Voir l'ouvrage éclairant de Micheline MILOT, *Une religion à transmettre? Le choix des parents. Essai d'analyse culturelle*, Québec, Les Presses de l'Université Laval, 1991. Cette étude serait à compléter à la lumière de la situation actuelle.

se résignent à exprimer leur foi et leurs valeurs par le bon exemple. Mais une foi qui ne trouve plus les mots pour se dire est une foi affaiblie et même en train de se perdre.

L'école, lieu de formation morale, religieuse et spirituelle?

Les parents peuvent-ils s'en remettre à l'école? En 1984, les évêques du Québec ont décidé de confier la préparation de la célébration des sacrements aux communautés paroissiales. Ce fut un virage important, qui vit la catéchèse sacramentelle, jusqu'alors assurée surtout par l'école, passer à la paroisse et aux parents. Ce changement était nécessaire pour respecter les convictions de plusieurs parents et aussi pour tenir compte du fait que bien des enseignants n'étaient ni motivés ni préparés pour assurer l'initiation sacramentelle. En confiant à la paroisse la catéchèse sacramentelle, on tient à aider les enfants à mieux connaître la communauté paroissiale dont ils sont membres, en espérant qu'ils s'y intégreront. L'école apporte toujours sa contribution à la transmission de la foi par les cours d'enseignement moral et religieux.

Avec la nouvelle loi 118 adoptée par le gouvernement du Québec, il faut s'attendre à des changements dont il est encore difficile de prévoir les conséquences. Cette loi remplace les services d'animation pastorale par une animation spirituelle et d'engagement communautaire. Ce service éducatif s'inscrit dans la mission de l'école en réponse à la diversité des attentes éthiques et religieuses de la société. Par *animation spirituelle*, on désigne des activités qui permettent d'exprimer la signification de l'existence dans ce que vivent les jeunes : recherche d'identité, constat d'injustice, quête spirituelle, expérience amoureuse ou même certaines difficultés scolaires et familiales. On fera appel à des activités telles une démarche sur l'estime de soi, l'intériorisation à l'aide de contes, une visite dans un monastère ou la formation d'un groupe de dialogue sur les croyances. L'*engagement communautaire* correspond au développement d'une conscience sociale axée sur l'ouverture aux autres, le sens des responsabilités et du service, la justice sociale et la sensibilisation à la pauvreté et au partage, le respect de l'environnement. On favorise chez les élèves la capacité de s'engager et de se préparer à devenir des citoyens et citoyennes responsables, conscients de leurs droits mais aussi de leurs devoirs. Par la mise en œuvre de ce service, l'école se préoccupe du cheminement spirituel et moral de l'élève dans le respect des libertés de conscience et de religion. Dans les écoles qui optent pour l'enseignement religieux, on accorde moins de temps à celui-ci; dans les autres écoles, on donnera des cours d'histoire des religions et de morale. Cette nouvelle loi a le mérite de nous rappeler que la transmission de la foi revient aux communautés chrétiennes et aux parents. Mais elle arrive à un moment où les communautés sont moins vivantes, souvent sans ressources financières et sans personnel préparé, et où les parents sont non pratiquants ou pratiquants occasionnels et tout à fait dépourvus pour transmettre la foi et les valeurs chrétiennes. Leur foi n'est pas morte, mais plutôt muette, de sorte qu'ils n'ont rien à dire; parfois, la foi ne leur dit plus rien.

Les gens d'ici ont la réputation, du moins selon Gilles Vigneault, d'être « des gens de parole et de causerie »; dans le domaine de la foi, ils sont des gens de silence et de peu de mots. Durant des générations, la foi s'exprimait à travers le témoignage de vie, la prière et les comportements. Il revenait aux prêtres de parler et ceux-ci ont ainsi accaparé la parole, qui est devenue un peu comme une chasse gardée. Nous savons tous d'expérience que moins nous parlons une langue, moins nous l'entendons autour de nous, moins les mots viennent aisément. Il en est de même pour l'Évangile. Chez nous, la langue de l'Évangile est de moins en moins parlée couramment. Puisqu'elle n'est plus la langue maternelle, ni la langue de la majorité, elle est de moins en moins comprise, un peu comme une langue étrangère.

La foi, peut-on la transmettre[3]?

Durant des générations, la foi s'enseignait au moyen de questions précises et de réponses claires. Elle se transmettait comme un héritage familial, un patrimoine culturel qui passe de génération en génération sans soulever de contestation et sans se modifier. Cette façon de faire n'était pas remise en question, du moins très rarement, et elle portait ses fruits, parce que la société y reconnaissait sa propre tradition qui assurait le maintien de son identité. Au Québec, nous étions catholiques de naissance. Il en était ainsi pour l'héritage culturel, intimement lié à l'héritage de la foi. Considérer la foi comme un héritage comporte toutefois des inconvénients sérieux. Beaucoup de catholiques se considéraient croyants sans vraiment s'approprier la foi de façon personnelle, sans l'intégrer au cœur de leur être. Or, la foi est nécessairement une réponse personnelle à Dieu qui prend l'initiative de se révéler en Jésus Christ. Dans ce sens, elle ne se transmet pas; elle est don de Dieu et décision personnelle. Si elle s'est transmise dans le passé, en tant que croyance et pratique, c'est parce que le tissu social en était encore imprégné et facilitait l'intégration des générations les unes aux autres. Aujourd'hui, ce tissu s'est déchiré et la foi ne se transmet plus. Si l'Église peine désormais à rejoindre les gens, n'est-ce pas parce qu'elle a lié indûment la foi chrétienne à des formes de pensée et d'existence contingentes et attachées à une culture qui n'existe plus?

Transmettre la foi, c'est plus que transmettre des vérités et des manières de faire[4]. La foi, un peu comme l'amitié, on ne peut que proposer de la partager. On ne transmet pas une amitié, mais

---

[3] Sur la question de la transmission de la foi, je suggère les exposés faits à un Colloque, tenu à Chantilly, sur le thème « Le fil de la transmission » et publiés dans *Recherches de Science Religieuse*, 81, 1993, nos 1 et 2.

[4] On peut lire avec profit Joseph MOINGT, « Transmettre un avenir de foi », dans *Recherches de science religieuse*, 81/1, 1993, p. 11-27; *La transmission de la foi*, Paris, Fayard, 1976.

seulement la possibilité d'une rencontre. Et ce n'est pas rien. Dans notre pastorale — et cela vient de haut —, nous avons trop souvent la conviction que notre tâche consiste à enseigner et à communiquer un solide contenu de vérités. Mais il s'agit avant tout de faire des confidences sur notre propre foi et, surtout, de favoriser une expérience spirituelle, d'accueillir l'expérience de ceux et celles avec qui nous sommes en route. Il s'agit donc de favoriser la rencontre du Dieu vivant, pas seulement de livrer des connaissances sur lui.

Faire entendre et goûter l'Évangile

Le temps est venu de faire redécouvrir la saveur de l'Évangile à ceux et celles qui ont quitté la communauté chrétienne, tout comme aux croyants fidèles. C'est à cause d'une certaine passion pour Dieu et du désir de le connaître et de l'aimer qu'une lignée de croyants et de croyantes a surgi et s'est développée depuis Abraham, « le père des croyants ». En revanche, quand on se rappelle l'histoire de l'Église et quand on écoute certaines personnes d'ici qui ont abandonné la foi, on se rend compte qu'elles en ont éprouvé comme une lassitude et parfois une déception. Des messages de peur et de malheur, des lois trop lourdes et inhumaines, des obligations irrespectueuses de la liberté de conscience les ont conduites à considérer la foi chrétienne comme non acceptable, et parfois insignifiante. On ne peut collaborer à transmettre l'Évangile sans montrer et surtout sans faire expérimenter qu'il est chemin de bonheur ou, autrement dit, qu'il est bon de croire[5]. On peut être un savant spécialiste de la foi chrétienne et être incapable de transmettre la foi. Il faut admettre que certains professeurs compétents de théologie ne suscitent pas toujours le goût de croire, que des prêtres surchargés deviennent comme fatigués d'annoncer l'Évangile et de faire l'homélie, que

---

5   Je suggère le très beau livre de Michel Scouarnec, *La foi, une affaire de goût. Annoncer l'Évangile et proposer la foi aujourd'hui*, Paris, Les Édition de l'Atelier, 2000.

des professeurs d'enseignement religieux ne sont pas motivés parce qu'on leur a confié cette tâche pour combler leur charge d'enseignement. Les résultats ne sont donc pas étonnants.

La question de la transmission de la foi est très complexe et il faut éviter de trouver trop facilement un bouc émissaire. On ne réussit pas à transmettre la foi par l'acharnement à répéter l'enseignement du passé dans des formules claires, avec un prosélytisme conquérant. Toute attitude traditionaliste rendra peut-être la foi plus sûre d'elle-même, mais en l'appuyant sur des sécurités du passé et en laissant le croyant et la croyante incapables de communiquer leur foi dans un monde où ces sécurités n'existent plus. Certains souhaitent une Église qui opterait pour des méthodes de propagande plus médiatiques, favorisant les grands rassemblements avec des techniques sophistiquées d'animation, à la manière de certains groupes religieux. L'Église, qui chercherait à rivaliser avec ces groupes, pourrait certes renforcer sa visibilité, mais serait-elle fidèle à l'Évangile? Pour communiquer son message au monde, elle ne doit pas identifier la transmission de la foi au prestige du nombre et de la puissance. Elle a un choix à faire qui implique une « rupture » avec une certaine conception de la réussite. À la longue, la cause de l'Évangile ne gagne pas à investir ses énergies dans la mise en œuvre de ce qui est grandiose, médiatique, rassemblement de masse.

À l'occasion du Jubilé de l'an 2000, les autorités d'un diocèse ont décidé de célébrer la confirmation des jeunes de toutes les paroisses dans un immense centre récréatif. Ce fut un événement médiatique réussi, mais les jeunes ont-ils été « confirmés » dans leur foi? Ont-ils fait l'expérience de la communauté? J'en doute, d'après les témoignages reçus de ces jeunes et des professeurs qui les accompagnaient. De même, la Journée mondiale de la jeunesse (JMJ) est un événement médiatique qui permet à des milliers de jeunes de tous les pays de se rencontrer et de vivre une certaine solidarité. Le principal apport de la JMJ aux participants semble être les catéchèses et les immersions dans les lieux d'Église du pays d'accueil. Les catéchèses comblent un tout petit peu l'ignorance, mais elles ne suffisent pas; de retour chez eux, les jeunes trouvent rarement des « lieux » pour prolonger leur expérience et approfondir leur foi. Certains comptent sur la JMJ pour remplir à nouveau les églises. On sera vite déçu des résultats. La vie des paroisses constitue rarement le lieu où les questions des jeunes peuvent trouver réponse. La disproportion est énorme entre d'une part l'événement de la JMJ, avec ses milliers de participants, ses célébrations festives longuement élaborées, sa convivialité fusionnelle et, d'autre part, la vie concrète des jeunes. C'est évidemment dans cette dernière qu'il faut investir, et c'est en elle qu'est le terreau de la foi. Après ces grands rassemblements, il ne reste plus d'énergie, ni d'argent, pour assurer une pastorale renouvelée et soutenue auprès des jeunes. C'est tragique, car une bonne articulation entre ce qui est passager et ce qui est permanent pourrait aboutir à un visage renouvelé et moderne du peuple de Dieu. Focaliser les énergies sur l'organisation de la JMJ, qui est presque démesurée, risque de susciter une Église d'un jour, visible exclusivement dans des événements épisodiques, loin du vécu des jeunes et de ce qui les attend dans la vie. La JMJ ne garantit donc pas l'avenir de l'Église; elle est une heureuse initiative à ne pas trop multiplier. Nous devons entreprendre bien d'autres projets pour rejoindre vraiment les jeunes et pour les écouter. Nous devrions toujours tenir compte de la consigne de saint Benoît invitant l'abbé d'un monastère à consulter tous les moines, surtout les plus jeunes, car « souvent le Seigneur inspire à un plus jeune ce qui vaut le mieux[6] ».

Depuis une quarantaine d'années, on a mis beaucoup d'effort pour développer une meilleure pédagogie et créer des manuels adaptés aux enfants, sans que la situation de la foi en ait été améliorée. Les Offices de catéchèse du Québec et des autres

---

6   *La Règle de saint Benoît*, III, 3 (*Sources chrétiennes* 181, p. 452).

provinces ont fait preuve de créativité et de compétence. Ils ont publié des manuels de qualité en tenant compte des nouvelles approches pédagogiques et des développements de la théologie et de l'exégèse biblique. Malgré leur créativité, l'enseignement religieux connaît aujourd'hui une situation d'inconfort. Aux premières années du primaire, les enfants montrent de l'intérêt et semblent profiter des nouvelles méthodes catéchétiques. Mais tout disparaît avec l'adolescence, du moins en apparence : les sacrements d'« initiation » s'avèrent concrètement des sacrements de « conclusion ». Quand je rencontre des jeunes couples qui se préparent au mariage ou encore qui demandent le baptême de leur enfant, je constate qu'ils ont presque tout oublié de la catéchèse et aussi des homélies. Ces jeunes sont sérieux et soucieux de réussir leur mariage et de bien éduquer leur enfant, mais ils n'arrivent pas à trouver les mots pour exprimer leur foi. L'expérience des dernières années nous apprend donc que la transmission de la foi n'est pas nécessairement assurée par la qualité des manuels, ni même par la formation des catéchètes. Qu'il soit nécessaire et utile de continuer cet effort, cela n'est pas mis en cause, mais il ne suffira pas à assurer une meilleure transmission de la foi. La pastorale de la véritable initiation chrétienne n'est pas encore devenue une dimension permanente de la communauté. Ne serait-il pas nécessaire et urgent de développer une approche catéchuménale ou d'initiation, comprenant une initiation soutenue à la Parole de Dieu, à l'agir chrétien, à la vie concrète de la communauté et finalement aux sacrements de l'existence chrétienne? Plus que jamais, nous devons nous convaincre de la nécessité et de la pertinence actuelle de la tradition catéchuménale et faire place à une pastorale de l'initiation. Une Église qui se veut évangélisatrice se doit de devenir plus initiatrice[7].

---

[7] Voir Henri BOURGEOIS, *Théologie catéchuménale. À propos de la « nouvelle » évangélisation* (coll. *Théologies*), Paris, Les Éditions du Cerf, 1991.

Pour répondre à ce besoin, l'AEQ a publié récemment un document d'orientation tout à fait à point : *Proposer aujourd'hui la foi aux jeunes : une force pour vivre*[8]. On y suggère des chemins à explorer et on propose des parcours adaptés aux jeunes, pouvant également s'appliquer aux adultes. Ce document donne le goût de se mettre en route, mais trouvera-t-il des marcheurs et, surtout, des guides? Nous sommes une Église si pauvre en « personnel »!

Les sacrements ne transmettent plus la foi

La société s'est sécularisée et a pris ses distances de l'Église qui n'a plus le monopole du religieux, de la morale et de la culture. L'Église prend beaucoup de temps à mesurer la détérioration et la perte de la foi chrétienne. La pratique encore généralisée, à peine à la baisse, du baptême des enfants et du mariage religieux crée une certaine illusion. Il est vrai que l'Église a cette capacité de conserver plusieurs coutumes du passé, sans trop se rendre compte qu'elles revêtent des significations nouvelles, étrangères à sa tradition. Les sacrements de l'initiation chrétienne et du mariage sont devenus incapables d'assurer la transmission de la foi, parce qu'ils ne renvoient plus à la foi vivante des familles et de la société, mais à la foi d'une minorité qui s'amenuise à chaque année. Dans ce contexte, les rites chrétiens deviennent des coutumes qu'il faut encore observer.

Les sacrements de l'initiation chrétienne sont réduits à être des vestiges d'une foi déclinante et parfois disparue. Bien des parents, indifférents ou pratiquants occasionnels, tiennent à faire baptiser leurs enfants et à les conduire à la confirmation et à la première communion, afin que ces derniers n'aient pas de tracasseries s'ils veulent un jour se marier à l'église et être parrains ou marraines. Le baptême de l'enfant est donc célébré en vue

---

[8]   Assemblée des évêques du Québec, *Proposer aujourd'hui la foi aux jeunes : une force pour vivre*, Montréal, Fides, 2000.

d'un avenir hypothétique. Il ne signifie plus l'entrée concrète dans la communauté chrétienne, une communauté de foi, mais l'insertion dans une tradition sociale et culturelle qui a ses rites permettant encore de s'intégrer à la société. Le baptême ne transmet plus la foi, il ne suscite plus l'appartenance à la communauté chrétienne. L'écart entre l'Église et la culture ambiante est si prononcé que le baptême, même de ceux qui sont engagés dans leur foi, est loin d'offrir une garantie de la transmission de la foi. En effet, l'enfant risque fort de s'émanciper du milieu familial croyant, dans une société marquée par l'indifférence et l'incroyance. Le moment est-il donc venu de ne plus baptiser les jeunes enfants? Toujours observée dans la tradition catholique et même dans les principales confessions protestantes, cette pratique n'a de sens et d'efficacité que dans un milieu de foi vivante. Dans la situation actuelle, les baptisés ont besoin d'être évangélisés. C'est l'inverse qui est normal; l'évangélisation et la conversion conduisent au baptême. Cette question est débattue depuis plus de 30 ans et on n'arrive pas à prendre une décision, car on craint une saignée trop profonde.

Dans le diocèse de Pala, au Tchad, Mgr Jean-Claude Bouchard, évêque oblat originaire du Québec, vient d'interdire le baptême des jeunes enfants. Il a pris cette décision audacieuse afin de susciter des communautés chrétiennes plus vivantes et engagées où le baptême devient réellement le signe d'une conversion et d'un engagement personnel à l'égard du Christ et de son Évangile. Cette orientation pastorale est certainement susceptible de susciter une nouvelle figure d'Église. Dans le contexte religieux d'ici, il me semble qu'on devrait envisager sérieusement une telle option. Souvent vécu comme une simple célébration de la naissance, même avec une certaine perception du sacré ou de la transcendance, le baptême cesse d'être un rite chrétien. Quand une pratique est ainsi dévaluée, et que cela est accepté, quelle est sa valeur de proclamation et d'évangélisation? De quelle vérité du christianisme porte-t-elle témoignage, sinon d'une vérité pareillement dévaluée?

Voilà ce qui est en cause dans notre pratique actuelle du baptême. Nous risquons ainsi d'enfermer le christianisme dans un folklore religieux. Le monde incroyant, mais inquiet et en recherche, sera bientôt en peine de découvrir un interlocuteur valable.

Certains pensent que la pastorale actuelle est encore trop « conceptuelle » ou encore trop « intellectuelle » et qu'elle cherche seulement les réponses correctes sans tenir compte de la foi populaire. Nous devons être attentifs à ce reproche. Il convient certes d'accueillir avec sérieux toute demande des rites chrétiens et de ne pas éteindre la mèche qui brûle encore. Mais pourquoi ne pas proposer un rite de la naissance et, plus tard, peut-être, une démarche vers le baptême? Dans nos pratiques pastorales, nous devons impérativement nous demander à quel Dieu nous nous adressons. Est-il ce sacré qui attire, qui fascine et dont on a encore besoin? Est-il l'énergie du monde? Est-il le Dieu vague de la religiosité ou l'unique vrai Dieu de Jésus Christ? La confession de foi chrétienne ne souffre pas d'ambiguïté. Il n'est pas normal ni sain qu'une large proportion de baptisés adressent leur foi à un Dieu très vague, ne croient plus à la divinité de Jésus ni à la résurrection, ignorent presque tout de l'Évangile. Une vague d'incroyance et d'agnosticisme recouvre les chrétiens et chrétiennes d'ici, et nous maintenons les mêmes pratiques pastorales et liturgiques. Le message chrétien a beau être répété, il ne suscite rien. La foi ne passe plus.

Faire retentir l'Évangile

Transmettre la foi chrétienne, c'est faire connaître un message précis, mais surtout susciter l'adhésion libre et personnelle au Dieu que Jésus a fait connaître. On ne peut y parvenir sans « faire retentir » l'Évangile sur toutes nos pratiques pastorales, notamment celles qui se rapportent à la transmission de la foi aux jeunes et aux adultes[9]. Je retiens le mot « retentir » qui nous renvoie directement à l'étymologie du mot catéchèse : de *katêcheô*, « faire retentir aux oreilles, instruire de vive voix ». Saint Paul emploie cette expression à plusieurs reprises : « Grâce à Dieu, je parle en langues plus que vous tous, mais dans une assemblée, je préfère dire cinq paroles intelligibles pour instruire [*katêchêsô*] aussi les autres, plutôt que dix mille en langues » (*1 Corinthiens* 14, 18-19). Paul emploie une métaphore acoustique : ce qui retentit est un son, en l'occurrence une parole intelligible. La catéchèse n'est pas d'abord de l'ordre de l'écrit, mais du dire, de l'oralité d'une parole vivante. Dans la catéchèse, il faut prendre le temps pour que la parole puisse rejoindre le cœur. Cette parole, c'est la *Bonne Nouvelle* qui non seulement concerne Dieu et notre salut, mais que Dieu lui-même nous adresse aujourd'hui. La communication de la foi, c'est-à-dire le « retentissement » de l'Évangile aux gens d'ici, est sans doute le problème fondamental de l'Église contemporaine. Ce qui est en jeu, c'est l'avenir même du christianisme.

Pour la spiritualité, on s'adresse ailleurs

Avec Vatican II et dans la période qui a suivi, l'attention s'est portée sur l'adaptation des institutions ecclésiales. Il était urgent d'entreprendre des changements dans la liturgie, l'exercice des divers ministères, l'organisation des paroisses et des diocèses. Les communautés religieuses se sont empressées de réécrire leurs constitutions et règles. Même le code de droit canonique a été complètement révisé selon les orientations du Concile. Afin de mieux remplir sa mission dans le monde d'aujourd'hui, l'Église a consenti à faire un ménage dans ses institutions et à se donner un nouveau visage. En dépit de tous les changements entrepris, les gens continuent de prendre leurs distances à l'égard de l'Église et

---

[9] Voir Marguerite Léna, « Le retentissement de l'Évangile sur nos pratiques de transmission », dans *Communio,* 26/4, 2001, p. 9-25.

de s'en détacher pour aller ailleurs. De plus en plus de gens se sont éloignés de la pratique liturgique et ne portent plus d'attention à la parole et aux institutions de l'Église.

Pourtant, beaucoup s'engagent dans des démarches spirituelles. On est tout à fait à l'aise de parler de spiritualité et d'intériorité et de s'accorder du temps pour combler sa soif du spirituel. Mais ce qui est nouveau, c'est que la recherche du spirituel n'est plus rattachée à la foi chrétienne, ni à l'Église. Le renouveau d'intérêt pour la spiritualité vient des appels à l'authenticité, à l'intériorité et à la liberté qui ne sont pas comblés dans la société de consommation. L'avancement de la science et de la technique a certes contribué à améliorer les conditions de vie pour la majorité des humains. Mais des dimensions entières de l'existence humaine sont oubliées et parfois mutilées. Pour reprendre une expression du philosophe Henri Bergson, nous sommes à la recherche d'un « supplément d'âme », pour ne plus être écrasés par les biens de consommation et étouffés par la publicité. Nous ressentons un vide de l'âme, une soif de profondeur, une recherche de sens laissée en suspens.

La spiritualité est devenue une réalité floue qui va de l'intérêt pour l'astrologie, en passant par le yoga, jusqu'aux mouvements ou groupes initiatiques et secrets qui promettent le bonheur et la réussite. On hésite à parler de « sectes », et avec raison; on préfère parler de « nouveaux mouvements religieux », de « nouvelles voies spirituelles » ou encore de « religiosités parallèles ». Quel que soit le caractère parfois relatif de cette nouveauté, soulignons l'émergence d'une situation historique qui ne se ramène plus à la traditionnelle confrontation entre catholiques et protestants. Même si un très petit pourcentage des gens d'ici fait partie de ces nouveaux mouvements religieux — pas beaucoup plus que 3 à 5 % de la population —, il nous faut bien admettre une libéralisation du marché religieux, analogue à celle des autres marchés, et la libre circulation des croyances et des pratiques religieuses inspirées du christianisme et des grandes religions du monde. Certains par exemple croient encore en Dieu et le prient, mais il ne s'agit plus d'un Dieu personnel, plutôt d'une *énergie* diffuse. D'autres encore acceptent Jésus comme l'un des guides spirituels de l'humanité, au même titre que Bouddha et Zarathoustra. Quant à la résurrection, beaucoup l'interprètent dans le sens de la réincarnation. La quête de spiritualité prend des chemins divers. Certains prônent un retour à la nature, soucieux d'écologie. D'autres choisissent des approches psychothérapeutiques favorisant la découverte de soi et le bien-être psychologique. Toutes ces recherches de spiritualité sont orientées vers un accomplissement de l'être humain qui tient à dépasser les divisions et les contradictions inhérentes à l'existence et à donner un sens à sa vie. Chacun se forge une spiritualité en empruntant des éléments dans le vaste marché du spirituel. On achètera son livre de spiritualité chez Costco ou au magasin d'aliments naturels. On accepte de se payer, et à un prix élevé, une fin de semaine de méditation. On s'engage à suivre une série de conférences ou de cours offerts par un gourou ou un maître spirituel. Dans cette recherche du spirituel, on ne pense pas à aller à l'église et à participer à des sessions ou rencontres de mouvements chrétiens.

Dans toutes ces quêtes de spiritualité, nous constatons un éclatement des croyances et des pratiques qui manifeste que l'Église n'a plus le contrôle du spirituel. Dans nos milieux, il revenait à l'Église de favoriser la spiritualité et d'offrir plusieurs voies pouvant répondre aux besoins des croyantes et croyants. Mais aujourd'hui, on s'adonne au spirituel sans l'Église, qui n'est plus un passage obligé. Il y a une rupture sans précédent entre l'Église et le spirituel vécu par les gens. Mêmes si ces derniers gardent encore des références vagues aux valeurs chrétiennes et tiennent encore à certaines pratiques, comme le baptême de leurs enfants, ils ne font plus tellement confiance à l'Église dans leur quête du spirituel et ils se méfient de ses dogmes, de sa morale et même de ses rites, qui ne semblent plus correspondre à leurs attentes et à leurs besoins. La célébration du rite sacramentel, aussi bien de l'eucharistie que de la réconciliation, ne satisfait plus les gens, si ce rite ne rejoint pas l'expérience de l'existence humaine dans son besoin d'intériorité.

L'Église a pourtant un riche héritage de prière, de contemplation et de mysticisme à partager et à transmettre. Pourquoi les gens d'aujourd'hui frappent-ils à d'autres portes pour trouver le *spirituel*? L'Église serait-elle devenue à ce point une étrangère chez nous? Notre pastorale se limite trop à assurer l'eucharistie du dimanche, les sacrements et les funérailles. Il faut bien reconnaître que l'Église d'ici a beaucoup investi dans la sacramentalisation et dans l'enseignement de la morale. Elle a favorisé les dévotions. Elle n'a pas manqué d'être présente dans le domaine de l'éducation et de la santé. Elle a encouragé l'engagement dans les caisses populaires, les coopératives et les syndicats. Mais elle n'a pas tellement promu la spiritualité et la mystique. En conséquence, la spiritualité et la mystique chrétiennes ne sont pas connues et donc elles ne passent plus. Combien de prêtres et agentes et agents de pastorale se forment en spiritualité? Est-ce une priorité dans les réaménagements? Pour évangéliser et pour transmettre la foi, l'Église d'ici doit devenir plus spirituelle et plus mystique.

Des relais de transmission

L'Église a beaucoup à transmettre aux gens d'aujourd'hui. Rien de moins que l'Évangile de Dieu. « Ce trésor, écrit Paul, nous le portons dans des vases d'argile, pour que cette incomparable puissance soit de Dieu et non de nous » (2 *Corinthiens* 4, 7). L'Église est une réalité bien fragile et démunie pour accomplir une tâche aussi extraordinaire.

L'Église et les médias

Par une inspiration bien évangélique, on a pris davantage conscience, il y a quelques années, que l'Église n'était pas une institution comme les autres et qu'il lui était interdit de raisonner en termes de pouvoir et d'organisation. La recherche de visibilité était à éviter par crainte du triomphalisme qui l'a si souvent caractérisée. L'Église, servante et pauvre, devait refuser le contre-témoignage du pouvoir, du savoir et de la richesse. Elle était appelée à se faire *levain* dans la pâte. Mais pour que la foi se transmette, le témoignage a besoin de relais et de médiations. Il convient d'avoir des maisons d'accueil pour aider les gens en quête de soutien et d'écoute, des organismes de dépannage pour répondre aux besoins de base, des mouvements bien organisés pour lutter contre les injustices. La charité ne se vit pas dans les nuages. Il est nécessaire aussi d'avoir des lieux où le discours chrétien surgit, prend forme, se précise. Sans toujours parler du haut de la chaire, il faut aussi des tribunes où il est possible de prendre la parole ; nous sommes toujours à l'ère de la radio, du baladeur et de la télévision. Il y a encore l'écrit — journaux, périodiques, livres —, même si nous sommes souvent en train de naviguer sur Internet. Mais l'Église ne possède plus ces moyens de communication. Nous avons connu le temps où elle dirigeait des journaux : *L'Action catholique* à Québec, *Le Droit* à Ottawa, et même *Le Devoir*, qui n'était pas sans lien avec l'archevêché de Montréal. À la radio, les pères Desmarais et Legault jouissaient d'une haute cote d'écoute et faisaient autorité ; dans les familles, après le souper, on écoutait *Le chapelet en famille,* récité à toute vitesse par le cardinal Léger. Ce temps est révolu, et je ne le regrette pas, car cet usage des médias et de leur contenu n'a pas contribué à créer une culture authentiquement chrétienne, du moins valable pour aujourd'hui.

Les médias sont devenus autonomes et ont acquis leur majorité. Ils organisent leurs propres émissions religieuses sans les autorités et les organismes d'Église; tout au plus, ils les consultent. Une nouvelle culture médiatique a surgi et elle imprègne profondément la mentalité des gens. Mais qui sont les maîtres à penser et les personnages qui influencent concrètement le comportement des gens? Ce ne sont pas nécessairement les spécialistes, encore moins les évêques, mais les personnes médiatiques, les vedettes, ceux et celles qui ont l'art de témoigner de leur vécu. Ces personnes contribuent certes à stimuler la pensée de leur auditoire et à leur suggérer des sentiments généreux, mais leur objectif est loin, et avec raison, de livrer l'héritage chrétien. On présente *Le Jour du Seigneur,* le dimanche avant-midi, et aussi la messe de minuit venant de Rome; à l'occasion, on offrira une émission sur des questions religieuses ou des événements d'Église, et pas toujours les plus heureux. Ces émissions sont généralement appréciées, mais elles sont des événements en passant, car tout passe très vite à la radio et surtout à la télévision.

De ces faits, il faut conclure que la culture actuelle, celle qui marque concrètement la vie des gens, n'est presque plus influencée par le christianisme. L'Église devrait-elle développer son propre réseau de télévision, sa radio, ses journaux, à la façon des groupes de *preachers* américains? C'est loin d'être souhaitable. Et concrètement, elle n'a ni les ressources financières ni le personnel qualifié. Dans le contexte actuel, elle ne doit pas se permettre d'être un monde qui serait parallèle au vaste monde. Elle peut certes profiter de l'offre de certains télédiffuseurs qui sont prêts à accorder du temps d'antenne pour des émissions religieuses. Il serait toutefois préférable, du moins la question est discutable, que des chrétiens et des chrétiennes soient encouragés à œuvrer dans les médias et à apporter un peu du « sel » de l'Évangile, pas trop, juste ce qui est nécessaire pour donner un bon goût à l'existence.

À l'heure d'Internet

Aujourd'hui, la foi est à l'heure d'Internet[10]. Personne n'y échappe. Tous les organismes et mouvements ont leur site; c'est le cas de plusieurs paroisses, communautés religieuses et diocèses, et même du Vatican! Il est très facile de retrouver les derniers documents des évêques, les nouvelles récentes concernant les événements de l'Église et toutes les informations possibles sur les diverses religions. Internet offre même des cours de théologie. Les possibilités de s'informer n'ont jamais été aussi développées. Il y en a tellement que nous risquons de n'avoir plus le temps et l'énergie pour les digérer et, surtout, pour développer une pensée personnelle. Est-ce qu'Internet va contribuer à la transmission de la foi et des valeurs chrétiennes et à créer une culture chrétienne? Pour le moment, je suis encore sceptique devant la masse d'informations qui s'offrent à moi pêle-mêle et si facilement. Je ne suis pas à l'aise avec le monde du « virtuel ». Pour être stimulé dans ma foi et fortifié dans mon espérance, j'ai encore besoin de la présence des autres, de proximité, de témoins en chair et en os. Internet est interactif, mais il y manque l'échange des regards. Mes réticences à l'égard d'Internet ne devraient pas cependant arrêter les initiatives dans ce moyen d'information et de communication. L'Église doit y être présente. Les plus jeunes et bien d'autres y sont très à l'aise. Leur agora, c'est le web. C'est leur monde et il est important d'y faire retentir l'Évangile, d'entretenir des contacts et même de susciter des communautés chrétiennes virtuelles. La transmission de la foi se fait par les langages et la culture d'une époque.

---

10   Voir le stimulant petit livre d'André BEAUCHAMP, *La foi à l'heure d'Internet*, Montréal, Fides, 2001. L'auteur explique les bouleversements qu'entraînent les moyens de communication pour la transmission de la foi et il plaide pour la liberté et la primauté du témoignage des croyants et croyantes dans le contexte de l'évolution récente des nouveaux médias.

Feue la culture chrétienne

Dans tout l'Occident, depuis Charlemagne, l'Église a mis sur pied les principaux centres d'enseignement et elle a fondé les grandes universités et des collèges réputés. Il en fut ainsi au Québec. Ces institutions visaient à enseigner non seulement la théologie, mais tous les savoirs. L'Église a ainsi contribué à créer une culture imprégnée des valeurs chrétiennes. Le développement de la pensée et de l'art, des langues et du droit — en un mot, la culture — ne s'explique pas sans les initiatives et la présence du christianisme. On peut certes regretter les avatars et les distorsions qui ont parfois transformé la culture chrétienne en un système clos, en une idéologie où il n'y avait pas de place pour la liberté et la créativité. Il ne faut donc pas la reconstituer. Il n'en demeure pas moins qu'il existait une culture chrétienne, médiatisée de bien des façons, qui imprégnait les sociétés et qui se transmettait de génération en génération. Une telle culture n'existe plus guère.

On déplore avec beaucoup d'à-propos le vide de la culture religieuse dont souffrent les générations montantes. Pour beaucoup de gens de moins de 30 ou 35 ans, bien des expressions du christianisme ont perdu leur signification : la fête de Pâques est la fête du printemps, le mercredi des cendres et le carême passent inaperçus, même Noël a perdu le souvenir de la naissance de Jésus. Les peintures religieuses classiques, représentant Moïse sauvé des eaux ou encore les disciples d'Emmaüs, relèvent pour beaucoup d'une obscure mythologie. Tant de pages de la littérature française sont devenues sans évocation pour bien des lecteurs et lectrices qui ignorent les données les plus élémentaires du christianisme. Qui bientôt pourra lire Bernanos, Mauriac, Claudel, Péguy? Il nous faut donc reconnaître que les gens d'ici sont de plus en plus étrangers au patrimoine culturel largement façonné par le message chrétien et véhiculé par les diverses institutions de l'Église. Tout en reconnaissant que la culture, même religieuse, n'est pas à confondre avec la foi, il est nécessaire cependant que la foi inspire une anthropologie et une vision de l'être humain et de la société pour qu'elle ne soit pas réduite à une option possible parmi tant d'autres.

Sans oublier l'apport de l'Église à la culture, nous ne gagnons rien à entretenir de la nostalgie à l'égard des expériences du passé. Et ne pensons pas que Jésus ait voulu l'Église pour enseigner la littérature et la philosophie, les sciences et les mathématiques; il l'a voulue pour communiquer la vérité de l'Évangile. Mais comment contribuer à l'avènement d'une culture inspirée par la foi chrétienne dans le monde d'aujourd'hui? Cette question, loin d'être résolue, est pourtant pertinente et elle doit sans cesse nous poursuivre. Pour réaliser la transmission de la foi, l'Église se doit d'être attentive à la culture, avec la conviction que la foi chrétienne inspire une vision de l'être humain et de sa destinée, une vision de la famille, du travail, du loisir, de la politique, de l'art.

De nos jours, nous nous trouvons devant un vide de culture chrétienne, ou devant quelques miettes. Et il n'y a plus guère d'institution pour la véhiculer et la transmettre. En conséquence, la foi chrétienne est laissée à elle-même, sans être soutenue par une pensée. L'Église d'ici souffre d'un appauvrissement intellectuel très sérieux. La plupart des prêtres et des agentes et agents de pastorale n'ont plus tellement le temps de faire des études approfondies ni même souvent de lire des ouvrages de théologie, d'exégèse, d'histoire, de littérature. Ils consultent rapidement quelques périodiques ou quelques pages d'un ouvrage pour préparer leurs homélies ou leurs catéchèses. Dans les réunions, on discute surtout de questions d'organisation, de distribution des tâches, de finances. Je constate aussi que les candidats au ministère presbytéral, du moins dans l'ensemble, obtiennent le baccalauréat et la maîtrise en théologie, mais consacrent peu de temps à lire, à faire des recherches, à approfondir leurs connaissances et à penser. Il est très regrettable que nous n'ayons pas beaucoup de périodiques ou revues qui permettent la communication des connaissances et favorisent les débats. Je déplore la disparition de *L'Église canadienne*[11] ; heureusement, nous pouvons encore profiter de *Relations,* de *Nouveau Dialogue* et de *Présence,* qui mériteraient un plus grand nombre de lecteurs et de lectrices assidus.

Il faut bien reconnaître qu'on a tendance à discréditer les « intellectuels » en affirmant que les idées ne sauvent pas le monde. Puisque les vocations sont rares, quels diocèses acceptent d'investir sérieusement dans les études pour leurs prêtres et leurs agents et agentes de pastorale? Pour l'exercice des divers ministères dans la société actuelle, les études sont plus que jamais nécessaires, mêmes les études qui semblent les plus gratuites et éloignées de la pastorale. Il serait important que les diocèses, et pourquoi pas l'Assemblée des évêques du Québec, se concertent et planifient les divers projets d'étude afin de préparer des personnes spécialisées dans les domaines de la théologie, de l'exégèse biblique, de la pastorale, de la catéchèse, de la liturgie. L'Église d'ici ne peut pas se permettre de négliger les études et la recherche. Il est éclairant de noter que les grands moments de renouveau dans l'Église ont toujours été accompagnés d'un retour à la réflexion et aux études[12], tandis que les périodes de déclin sont marquées par la négligence et l'abandon des études. En allant toujours au plus pressant et en concentrant nos énergies sur des questions de « fonctionnement », on ne prépare pas de façon lucide et responsable l'avenir de l'Église d'ici.

---

11   L'un de nos rares périodiques, *L'Église canadienne,* a cessé d'être publié en décembre 2001. Il est vrai que son titre et ses objectifs comportaient des ambiguïtés qu'on n'a jamais réussi à dissiper. Mais cette revue avait l'avantage de présenter plusieurs textes des évêques, des informations sur la vie de l'Église et des articles accessibles sur la théologie et la pastorale. Il serait nécessaire et urgent de mettre sur le marché une revue de culture religieuse. Ce serait un investissement rentable. Les fonds ne manquent pas, mais la motivation et l'audace.

12   Parmi les principaux moments, signalons : la période patristique des IVe et Ve siècles; le XIIIe siècle avec la création des universités et avec des penseurs comme Albert le Grand, Bonaventure, Thomas d'Aquin; le XVIe siècle avec la création des séminaires; le milieu du XXe siècle avec Congar, de Lubac, Chenu.

De nouveaux « lieux » de recherche théologique

Depuis plus de trente ans, l'enseignement et la recherche en théologie se sont installés à l'université. Dans ce contexte, les évêques et les responsables des instituts religieux ne se sont pas tellement souciés de la recherche théologique et de la préparation de professeurs et de chercheurs. Ils ont fait confiance aux facultés universitaires. Il y a bien sûr une généreuse et honnête collaboration entre les diocèses et les facultés de théologie et de sciences religieuses. Plusieurs de leurs professeurs sont impliqués dans la formation des agentes et agents de pastorale, ils acceptent de donner des sessions de formation et de participer à la rédaction de documents. Le milieu universitaire, avec ses bibliothèques et aussi avec toutes ses exigences, favorise certes la recherche et la rigueur de la pensée. Mais on ne peut taire quelques graves faiblesses, d'autant plus graves qu'elles peuvent être interprétées comme un regain de conservatisme. En effet, pour sortir de son complexe d'infériorité (eh oui!), la théologie a adopté le cadre épistémologique des sciences humaines, mettant en veilleuse sa rationalité propre. Et pour répondre aux intérêts et aux besoins de la nouvelle clientèle des « intervenants et intervenantes » en pastorale, elle s'est diluée et a perdu plus ou moins son identité en abandonnant un certain nombre de questions, sous prétexte qu'elles sont abstraites et loin de la praxis, et surtout en négligeant les grands textes qui ont marqué la pensée chrétienne. Loin d'être une libération, c'est là un appauvrissement. En perdant contact avec ses sources et son histoire, la théologie est en train de perdre la mémoire des réalités qu'elle se doit d'intelliger et d'actualiser. La théologie qui cherche seulement à être pratique et utile ne remplit pas toute sa mission dans l'Église, car elle ne développe plus le sens critique et la capacité de penser la foi.

Nous n'avons pas encore vraiment reconnu, ni au Québec ni ailleurs, la « professionnalisation » des études théologiques. Il faut entendre par là le fait de s'adonner à temps complet à une activité en vue de gagner sa vie et d'acquérir une position sociale reconnue. L'Église et la société auraient grandement besoin de femmes et d'hommes professionnels dans le domaine de la théologie, surtout à notre époque de la « recomposition du croire », où se jouent des tensions et des conflits d'appartenance religieuse et spirituelle[13]. Il est déjà trop tard pour mettre en œuvre une véritable « professionnalisation » de la théologie, dont l'exercice devrait être considéré comme un ministère indispensable à la mission de l'Église.

Dans nos milieux ecclésiaux, nous constatons une démission de la pensée et une perte du sens critique. Or pour préparer l'avenir de l'Église, il est plus que jamais nécessaire de rendre la foi chrétienne « pensable », tant pour les croyants soucieux de mieux comprendre que pour les incroyants en quête de sens. Nul renouvellement de l'Église n'est possible sans un retour réfléchi et responsable sur la tradition de la foi, en référence à l'horizon présent, et sans une réflexion théologique solide[14].

Après plus de 35 ans de recherche et d'enseignement de la théologie à l'université, je me demande parfois s'il ne serait pas nécessaire de créer des « lieux » d'enseignement et d'élaboration de la théologie autres que le lieu universitaire. Il est certain que la théologie a sa place à l'université. Elle a beaucoup à apprendre d'elle et à recevoir de ses ressources institutionnelles, et elle a aussi beaucoup à lui donner[15]. On peut regretter que les universités

---

13   Voir Christophe BOUREUX, « Le rôle social d'une Faculté de théologie », dans *Lumière et Vie*, n° 247, 2000, p. 91-100.

14   Sur la situation de la théologie d'ici, voir Jean-Guy NADEAU (sous la dir. de), *La théologie : pour quoi? pour qui? L'élaboration et l'enseignement d'une théologie pour aujourd'hui* (Actes du 34ᵉ congrès de la Société canadienne de théologie tenu à Québec du 24 au 26 octobre 1997) [coll. Héritage et projet, 63], Montréal, Fides, 2000.

15   Voir Jean-Claude PETIT, « La théologie dans l'université : un défi à la théologie. Quelques remarques », dans *Théologiques*, I/1, 1993, p. 11-31.

ne soient plus fidèles à leur nom[16] et à leur mission et qu'elles ne constituent pas une véritable communauté de professeurs et d'étudiants unis dans la diversité des savoirs. De fait, chacune des facultés s'enferme plus ou moins dans son monde. Pour sortir de leur isolement, les facultés de théologie encouragent l'interdisciplinarité qui permet certainement une rencontre avantageuse avec les savoirs d'aujourd'hui, notamment les sciences humaines. La théologie doit cependant veiller à ne pas se dissoudre en sciences religieuses ou en histoire des religions. Le cardinal Newman avait déjà perçu un danger qui guette encore aujourd'hui les facultés de théologie : « Si la théologie n'était pas là pour défendre ses frontières et empêcher les empiètements [...] si la théologie est empêchée d'occuper son propre territoire, des sciences adjacentes, voire des sciences tout à fait étrangères à la théologie, ne manqueront pas d'en prendre possession[17]. » Dans nos milieux, on ne semble pas détecter cette menace de l'éviction de la théologie. Cette situation est inquiétante à la fois pour l'Église et la société.

Dans le contexte actuel de la déconfessionnalisation des écoles et de la neutralité de l'État dans le domaine religieux, il est grand temps de nous demander si l'existence des facultés de théologie n'est pas menacée. La théologie doit s'élaborer en liens étroits avec la communauté chrétienne qui est nécessairement d'une confession particulière. Puisque l'État prend de moins en moins le risque de privilégier une religion et une confession chrétienne au détriment des autres, les facultés de théologie ne pourront assurer leurs liens avec l'Église catholique dont l'influence devient de plus en plus marginale. Il est donc urgent que les dirigeants de l'Église encouragent la création de nouveaux « lieux »

---

16 En latin médiéval, *universitas* signifie communauté. Il s'agit de la communauté des professeurs et des étudiants.

17 John Henry NEWMAN, *L'idée d'une université*, dans *Œuvres philosophiques de Newman*, Paris, Aubier/Éditions Montaigne, 1945, p. 385.

d'enseignement et de recherche autres que les séminaires, pour que la théologie puisse continuer à jouer son rôle de transmission de l'héritage chrétien et de son actualisation dans la société contemporaine[18].

* * *

La transmission de la foi et des valeurs chrétiennes concerne toute l'Église et aussi la société. Il ne suffit plus d'en voir la nécessité et l'urgence. L'Église d'ici n'a d'avenir que si elle consent à investir généreusement dans la communication de l'Évangile, dans la réflexion et la recherche. La foi chrétienne ne nous dispense pas d'être intelligents et habiles pour la cause du Royaume de Dieu. Sans cela, l'Église d'ici ne prépare pas son avenir et, surtout, elle ne réalise pas sa raison d'être et sa mission dans la société d'aujourd'hui. Ceux et celles qui veulent ouvrir un avenir à l'Église, qui est riche d'une si longue tradition de foi, se voient obligés d'innover, de créer des lieux et des temps de dialogue et de recherche, d'inventer surtout un nouveau langage de communication. Transmettre la foi constitue l'activité première de l'Église et de chacune des communautés chrétiennes. Il s'agit d'une mission exigeante qui implique une certaine mort, comme l'exprime si bien Joseph Moingt : « Faire acte de tradition, c'est assumer sa mort dans le geste de donner la vie; la fidélité stricte à une tradition peut être la volonté de perpétuer le passé par refus de la mort, tandis qu'une vraie référence à la tradition est aussi un dépassement, l'acte d'ouvrir un avenir à travers la mort : Faire mémoire de Lui jusqu'à ce qu'il revienne[19]. »

---

18   Je suggère de lire avec attention la contribution très pertinente de Guy LAPOINTE et de Christian SAINT-GERMAIN, « L'effacement institutionnel de la théologie. Éthique de la déshérence », dans *La théologie : pour quoi? pour qui?*, p. 281-299.

19   Joseph MOINGT, « Le fil de la transmission », dans *Recherches de science religieuse*, 81/1, 1993, p. 7.

Chapitre 4

Une Église qui n'arrive pas à rencontrer la société moderne

> « L'Église digère tout, mais lentement. » La perte d'initiative ne serait pas si grave, dit-on, puisqu'en fin de compte l'Église s'adapte en gardant l'essentiel. Ses lenteurs viennent (dit-on encore) de ce que l'Église ne peut s'avancer qu'à coup sûr. Processus des crises : une avancée de la modernité s'annonce, étrangère ou hostile à l'Église; l'Église maintient ses positions; on travaille, on cherche, les questions se déplacent, les excès « modernes » se défont d'eux-mêmes; on invente, enfin, la problématique et le langage où ce que l'Église tient comme nécessaire peut se réexprimer sans perte; on tolère des essais, puis le nouveau langage est validé, quelquefois assez fortement pour que l'ancien soit exclu.
>
> Maurice BELLET[1]

Le Québec a beaucoup changé depuis la Seconde Guerre mondiale : industrialisation croissante, augmentation de la population urbaine, scolarisation plus poussée, prise en charge par l'État des services d'éducation et de la santé. En l'espace de

---

[1] *L'Église morte ou vive*, Paris, Desclée de Brouwer, 1991, p. 97, 54.

quelques années, la société d'ici est passée d'une mentalité profondément religieuse et dominée par l'Église à une mentalité largement sécularisée et indépendante de l'Église. Comme toutes les sociétés occidentales, le Québec est devenu moderne. La Révolution tranquille des années 60 constitue l'événement marquant la rupture d'avec un passé, qualifié trop facilement de « grande noirceur », et l'entrée dans la modernité.

Jusqu'au milieu du XXe siècle, la société d'ici s'était maintenue à l'écart de la modernité dans ses institutions, ses manières de penser et de vivre. Il y avait bien un mouvement vers les villes où se développaient les industries. Les villes d'alors étaient de gros villages qui échappaient assez bien à la sécularisation. On y a construit beaucoup d'églises. Mais la paroisse urbaine ne pouvait plus compter sur la communauté naturelle ni encadrer la vie des gens, comme dans les milieux ruraux. Elle devint ainsi un lieu où l'on va à la messe et recevoir les sacrements, mais sans créer le sentiment profond d'appartenance qui était la force de la paroisse rurale. Avec des institutions catholiques qui encadraient encore la vie des gens, du moins extérieurement, on a réussi à retarder l'entrée dans la modernité qui était déjà, aux portes de notre monde, en train de se faire un chemin et qui allait l'envahir avec la force impétueuse d'un torrent trop longtemps retenu. Depuis une cinquantaine d'années, l'Église d'ici n'échappe plus à la modernité.

À l'épreuve de la modernité

Les gens de mon âge ont connu la société traditionnelle, qui n'avait pas tellement changé depuis longtemps, et ont fait l'expérience de l'entrée précipitée dans la société moderne. Que de changements en quelques années! Sans trop exagérer, on peut dire que nous sommes passés directement du Moyen Âge à la modernité. Quand je pense à ma mère qui a connu l'arrivée de l'électricité, de la radio, du téléphone, de l'automobile, de l'avion, de la télévision, du réfrigérateur, de la machine à laver, du four à micro-ondes! La capacité d'adaptation des êtres humains est extraordinaire. Ma mère fait partie des premières femmes qui ont pu exercer ici leur droit de vote. Après plus de cinquante ans de mariage, elle a finalement retrouvé son nom de famille. Mais à ces nouveautés qu'apportent les développements technologiques et sociaux, il faut ajouter tous les changements dans les façons de penser et de vivre, aussi bien dans la société, la famille, que dans l'Église. Bien des manières de vivre la foi chrétienne appartiennent désormais au passé. Nous le constatons en lisant les témoignages recueillis et présentés par Benoît Lacroix sur la foi de son père et de sa mère[2]. Dans ses ouvrages, ce spécialiste de la religion populaire nous fait revivre notre histoire, qui n'est pas si loin de nous et qui a contribué à façonner notre imaginaire religieux.

Un fait est évident : nous vivons dans un monde nouveau que nous qualifions spontanément de moderne pour le distinguer de celui qui précède. Nous pouvons identifier et décrire quelques traits de ce monde nouveau, surtout en le comparant à celui du passé, mais il est loin d'être facile de présenter une définition de la modernité. Des débats savants existent sur la définition de la modernité. L'expression est commode, mais que recouvre-t-elle? Nous parlons de musique et de peinture modernes, d'idées modernes, de techniques modernes. La modernité se rapporte aux institutions, aux mœurs, aux modes de vie de tous les jours. Elle est une réalité qui s'impose sur tous nos chemins et nous pouvons nous égarer facilement dans le « labyrinthe de la modernité[3] ».

Même si elle est entrée pour de bon au Québec vers les années 1950-1960, la modernité a une origine plus lointaine. Comme civilisation et mouvement de pensée, elle débute au XVIe siècle,

---

2   Benoit LACROIX, *La foi de ma mère*, Montréal, Bellarmin, 1999; *La religion de mon père*, Montréal, Bellarmin, 1986.

3   J'emprunte l'expression d'Émile POULAT, dans son ouvrage *Église contre la bourgeoisie. Introduction au devenir du catholicisme actuel*, Tournai, Casterman, 1977, p. 241-289.

alors que le « sujet » humain, et non Dieu, devient le centre de l'Univers. Puis, elle se développe à la fin du XVIIe et au XVIIIe siècle, avec la révolution démocratique puis la révolution industrielle, pour atteindre son apogée au XXe siècle.

En tenant ensemble ses traits les plus évidents, nous pouvons tenter de nous faire une idée de la modernité. Il nous faut la comprendre si nous voulons saisir ses enjeux pour la foi chrétienne et l'Église. La modernité se caractérise par l'essor de la raison qui, libérée des contraintes d'un passé jusque-là inspirateur, devient plus lucide, plus féconde et plus envahissante dans tous les domaines de l'activité humaine. Cette rationalité se distingue par sa manière de façonner le savoir, par sa maîtrise grandissante sur la nature et par le développement des sciences et des techniques qui rendent l'être humain plus autonome et maître de son destin. La modernité se manifeste aussi par les modes de vie, comme le passage des sociétés rurales aux sociétés urbaines, le développement des moyens de production et de communication de masse, l'abondance et la variété des biens de consommation. Elle naît de la prise de conscience collective du changement et du progrès qu'opère la rationalité, qui est devenue soupçonneuse à l'égard d'un passé jugé périmé parce que ses valeurs ne sont plus opératoires ni signifiantes, et aussi à l'égard de toute forme de tutelle qui brimerait son émancipation et son autonomie. Ce qui domine dans la modernité, c'est l'idéal du progrès, un progrès dont on ne voit pas les limites, car on a entre les mains les instruments de la maîtrise de tout, du moins on le prétend, grâce aux sciences et aux technologies[4].

La modernité n'est pourtant pas le rejet du passé, comme beaucoup l'imaginent, mais le refus de subir sans contrôle

---

4   Voir Charles TAYLOR, *Grandeur et misère de la modernité*, Montréal, Bellarmin, 1992; ID., *Les sources du moi. La formation de l'identité moderne*, Montréal, Boréal, 1998; Alain TOURAINE, *Critique de la modernité*, Paris, Fayard, 1992; EN COLL., *L'épreuve de la modernité*, Paris, Cerf, 1985; *Concilium*, 244, 1992 : *La modernité en débat*.

l'impérialisme du passé et la revendication de la liberté d'inventer du nouveau en s'opposant à la force d'inertie de la répétition.

Au cours du XXe siècle, les sciences et les technologies ont contribué à améliorer les conditions d'existence des humains et elles ont ainsi favorisé l'essor de la modernité. La modernité, qui ne peut s'expliquer sans ces changements, ne s'identifie pas à eux et les transcende, car elle est une façon de penser, un mode de vie et une mentalité qui ont leurs caractéristiques et leurs valeurs : l'hégémonie de l'efficacité mesurable, la suprématie de la structure sur le contenu, la promotion de la rationalité et de l'activité au détriment de la sagesse et de la contemplation, la valorisation du consensus et de l'opinion publique qui l'emporte sur la vérité. Nous sommes donc en présence d'une nouvelle culture de plus en plus indépendante à l'égard de la tutelle de l'Église, même si elle demeure pétrie de valeurs chrétiennes.

La modernité désenchantée

Depuis quelques années, nous constatons cependant que les sociétés modernes sont incapables de répondre aux espérances qu'elles ont suscitées. Elles provoquent ainsi un *désenchantement* qui s'exprime par un désarroi des valeurs et un vide spirituel. Des penseurs parlent de la *fin de la modernité* et de l'entrée dans la *postmodernité* pour signifier cette crise de la modernité résultant des déceptions et des craintes que suscite un développement aveugle des sciences et des technologies. On est devenu plus lucide et plus critique à l'égard des réussites voulues pour elles-mêmes au détriment du bien de la personne. Notre époque a développé une conscience plus vive des limites de la raison instrumentale, en dépit de ses réussites dans le domaine du technico-économique. On est de plus en plus sceptique à l'égard des réussites de la modernité et on se met en quête d'une rationalité qui tiendrait compte des composantes esthétiques, éthiques et même religieuses de l'activité humaine. Ainsi, nous sommes témoins d'une recherche de spiritualité et de mysticisme, d'une ouverture à la symbolique et d'une acceptation de l'ambiguïté et de la vulnérabilité. Contre une rationalité qui a la prétention de l'objectivité, les contemporains réhabilitent l'imagination et l'émotion; ils prennent le risque de vivre avec des questions non résolues de façon claire et ils reconnaissent leur vulnérabilité et l'importance de la gratuité dans les relations humaines.

Cet éclatement caractérise la modernité de la fin du XXe siècle et du début de notre siècle. Il marque un tournant dans notre histoire. En ce sens, nous pouvons affirmer que nous avons toujours un pied dans la modernité et l'autre dans la postmodernité. Nous sommes parfois les héritiers déçus d'ancêtres qui ont trop cru à l'âge d'or du progrès en tout. Il est certain que notre société est sécularisée et laisse peu de place à l'Église, du moins à ses institutions. Le « religieux » ne s'est pas évanoui pour autant. Il survit chez les individus qui gardent des croyances et des pratiques religieuses et qui sont à la recherche de l'émotion religieuse offerte par divers mouvements, notamment évangélistes et pentecôtistes[5]. Le sociologue Peter Berger, spécialiste de la sécularisation, est forcé d'admettre maintenant que la modernité n'entraîne pas nécessairement un déclin de la religion. Il attire l'attention sur le fait que, dans la situation où les gens sont ébranlés par le doute, des organisations ou des mouvements, non seulement religieux, s'ingénient à leur fournir et à rétablir des certitudes. Tout un marché du religieux s'ouvre ainsi. Cette résurgence de la religion remet en question notre compréhension de la sécularisation : « L'idée selon laquelle nous vivons dans un monde sécularisé est fausse. Le monde d'aujourd'hui, avec quelques exceptions [...], est aussi furieusement religieux qu'il l'a toujours

---

5   Voir le dossier sur le besoin d'émotion, présenté dans *Actualité des religions*, mai 2002, p. 8-26; Jean VERNETTE, *Le XXIe siècle sera mystique ou ne sera pas*, Paris, Presses universitaires de France, 2002.

été; il l'est même davantage dans certains endroits[6]. » Ce constat de Berger ne s'applique pas tellement à l'Europe occidentale et au Québec. Il y a donc des exceptions à la thèse de désécularisation. En Occident, nous vivons à l'heure d'une négociation inédite entre la foi chrétienne et la modernité[7]. Ce monde nouveau qui a surgi n'est pas nécessairement imperméable aux valeurs chrétiennes. Il ne faut pas y voir trop rapidement une « barbarie[8] » ou encore un néo-paganisme. C'est un jugement sans nuances et une rhétorique facile. La culture moderne véhicule des valeurs qui viennent du christianisme, comme les droits de la personne, la liberté, le respect de la création, le souci d'améliorer les conditions de vie des plus démunis. Bien des traits des sociétés actuelles d'Occident ne se comprennent pas sans la référence à leur source judéo-chrétienne. Les pays européens, qui tentent de s'unir et d'opter pour les mêmes politiques, et le Québec, qui cherche à affirmer son identité nationale, semblent oublier leurs racines chrétiennes. Dans ce contexte, l'Église a la responsabilité et la mission d'être « la mémoire » dans les sociétés actuelles.

N'oublions pas que le christianisme lui-même a favorisé l'avènement de la modernité, conçue comme une autonomie du sujet à l'égard de toute tutelle, même religieuse. Marcel Gauchet

---

[6] Peter L. BERGER, « La désécularisation du monde : un point de vue global », dans *Le réenchantement du monde* (sous la dir. de Peter L. BERGER), Paris, Bayard, 2001, p. 15. Dans cet ouvrage, quelques spécialistes de la sociologie de la religion présentent un bilan de la résurgence actuelle du religieux.

[7] Voir CENTRE THOMAS MORE, *Christianisme et modernité* (sous la dir. de Roland DUCRET, Danièle HERVIEU-LÉGER et Paul LADRIÈRE), Paris, Les Éditions du Cerf, 1990; Danièle HERVIEU-LÉGER, *Vers un nouveau christianisme? Introduction à la sociologie du christianisme occidental*, Paris, Les Éditions du Cerf, 1986; Danièle HERVIEU-LÉGER, *Le pèlerin et le converti. La religion en mouvement*, Paris, Flammarion, 1999; Paul VALADIER, *L'Église en procès. Catholicisme et société moderne*, Paris, Flammarion, 1987; René VIRGOULAY, *Les courants de la pensée du catholicisme français. L'épreuve de la modernité*, Paris, Les Éditions du Cerf, 1985; Antoine VERGOTE, *Modernité et christianisme. Interrogations critiques réciproques*, Paris, Les Éditions du Cerf, 1999.

[8] Ce jugement trop sévère est porté par Michel HENRY, *La barbarie*, Paris, Grasset, 1987.

n'hésite pas à affirmer que le christianisme a été à la fois la cause et la victime de la modernité[9]. Ce penseur considère la religion « comme un phénomène historique, c'est-à-dire défini par un commencement et une fin, c'est-à-dire correspondant à un âge précis de l'humanité, auquel en succédera un autre[10] ». La religion, et plus précisément le christianisme, a joué un rôle unique en Occident dans l'émergence de la modernité, mais paradoxalement il est devenu, selon Gauchet, « la religion de la sortie de la religion ». Il y a donc plus de complicités qu'on ne le croit entre l'authentique message chrétien et la culture moderne. Par ailleurs, la crise actuelle dans les Églises en Occident, et ici au Québec, est l'effet de la progressive pénétration de la modernité dans toutes les couches de la société.

Les Églises ne peuvent échapper à la modernité. Mais l'Église d'ici est-elle motivée et outillée pour relever les défis que présente la société moderne? La chance lui est offerte de rencontrer un nouveau type d'homme et de femme et de nouveaux modes de vie, et d'ainsi favoriser une actualisation inédite du message chrétien.

Une rencontre manquée

Pour dépasser le malentendu entre l'Église et le monde moderne, et pour permettre à la foi chrétienne une conscience plus authentique de son identité, Jean XXIII convoqua un concile œcuménique (1962-1965). Cette initiative répondait à l'attente de plusieurs théologiens et de nombreux groupes chrétiens qui, depuis quelques décennies déjà, avaient cherché, à leurs risques, à rapatrier la foi dans le monde moderne où ils étaient engagés activement. Les mouvement d'Action Catholique avaient

---

9   Voir M. GAUCHET, *Le désenchantement du monde. Une histoire politique de la religion*, Paris, Gallimard, 1985.

10 M. GAUCHET, *Le désenchantement du monde*, p. 10.

encouragé les chrétiens à aller vers le monde et avaient favorisé l'éclosion des théologies des réalités terrestres. Jean XXIII a perçu que l'humanité était au tournant d'une ère nouvelle et qu'un renouveau de l'Église était nécessaire pour que celle-ci puisse être fidèle à sa mission.

À Vatican II, l'Église adopta une attitude positive à l'égard du monde moderne, en acceptant de faire route avec lui, de collaborer et même de recevoir de lui, en vue du bien de l'humanité. Au lieu de mépriser le monde actuel, le Concile a promu le dialogue avec lui. Tout au long des discussions conciliaires, l'expression « signe des temps » est apparue comme un de ces mots clés qui, à un moment privilégié, donnent le sens d'une recherche et permettent d'exprimer une valeur nouvelle. Suivant l'orientation déjà fournie par Jean XXIII dans *Pacem in terris* sur les signes des temps, le Concile invita les croyants et croyantes à découvrir la voix de Dieu dans la voix du temps : « L'Esprit de Dieu, qui, par une providence admirable, conduit le cours des temps et rénove la face de la terre, est présent à cette évolution[11]. » À Vatican II, l'Église montra qu'elle tenait à rencontrer le monde moderne. La Constitution pastorale *Gaudium et spes* marque un point tournant de l'attitude de l'Église qui reconnaît alors l'autonomie des réalités humaines, la valeur de la démocratie, de la raison et du progrès scientifique et technique[12].

Tout en étant au service de la société moderne, l'Église admet qu'elle reçoit d'elle[13]. C'est certainement l'une des premières fois de son histoire qu'elle prononce de tels aveux de façon aussi

---

11   *Gaudium et Spes*, 26, 4.

12   Par souci d'exactitude, il est intéressant de noter que les décrets de Vatican II ignorent le mot « modernité ». Ils utilisent l'adjectif « moderne » (l'homme moderne, le monde moderne). Pourtant, le monde y est très présent : « le monde de ce temps ». Sur ce point, voir Émile POULAT, « La modernité à l'heure de Vatican II », dans *Le Supplément*, n° 161, 1987, p. 121-140.

13   *Gaudium et Spes*, 44.

explicite et officielle. Le monde en effet offre à l'Église les trésors de sa culture qui lui permettent une meilleure connaissance de l'être humain et ouvrent de nouvelles voies à la vérité. Les cultures sont aussi des langages qui permettent à l'Église d'annoncer au monde l'Évangile d'une manière appropriée. À son tour, chaque peuple exprime le message chrétien selon le mode qui lui convient. L'Église profite aussi du développement des communautés humaines sur les plans familial, culturel, économique, social et politique. Elle reconnaît même, à un moment où les choses vont si vite et où les façons de penser sont très variées, qu'elle « a particulièrement besoin de l'apport de ceux qui vivent dans le monde, qui en connaissent les diverses institutions, les différentes disciplines, ou en épousent les formes mentales, qu'il s'agisse des croyants ou des incroyants[14] ». À Vatican II, l'Église a vécu un grand moment d'accueil de la société moderne et a compris que c'est là qu'elle devait dorénavant se construire. Elle se montrait alors ouverte et généreuse.

De l'annonce à sa clôture, le Concile a été vécu au Québec comme un événement de grâce qui suscita de l'intérêt, même un certain réveil, et surtout de l'espérance et de l'enthousiasme[15]. C'est durant les années conciliaires que j'ai fait mes premières études théologiques. Je voyais un avenir prometteur pour l'Église et pour mon institut : enfin de l'air frais et des chemins nouveaux! L'euphorie conciliaire a cependant été de courte durée. Lorsqu'on ouvre les fenêtres, on ne peut pas contrôler ce qui entre; et une grande part de ce qui est entré, notamment la culture moderne sécularisée, a semé le trouble dans l'Église.

L'Église a de nouveau été ramenée à la dure réalité. Dans les diocèses et les paroisses, même si on a pris toutes sortes d'initiatives

---

[14] *Gaudium et Spes*, 44, 2.

[15] Pour mieux comprendre la participation de l'Église canadienne à Vatican II, voir *L'Église canadienne et Vatican II*, sous la dir. de Gilles Routhier (coll. *Héritage et projet*, 58), Montréal, Fides, 1997.

pour faire connaître les orientations du Concile, on a constaté que le monde changeait si rapidement qu'il était impossible de le rejoindre. L'Église a tenté de se mettre à jour, d'être plus moderne, mais les gens étaient déjà ailleurs. La rupture entre l'Évangile et la culture moderne était plus profonde qu'on ne l'avait cru. Les années qui ont suivi le Concile ont été marquées par la baisse rapide de la pratique religieuse et par le départ de nombreux prêtres du ministère. Ces faits traduisent une situation de malaise et de crise qui vient, pour une large part, de ce que plusieurs idées jaillies à l'occasion du Concile, comme celle de Peuple de Dieu, de collégialité, de coresponsabilité, de la relative autonomie des Églises locales et de la place de la femme, n'ont pas trouvé les structures et les institutions qui auraient permis leur application. Il faut bien admettre que ni le Concile ni Paul VI n'ont suffisamment changé les structures de l'Église, qui ne répondent pas aux attentes des gens et n'expriment pas la théologie promue.

Au moment où Vatican II invitait l'Église à dialoguer avec le monde moderne, plusieurs voix, notamment celle de la sociologie, annonçaient l'élimination, du moins tendancielle, de la religion dans la société contemporaine. Le processus de modernisation, marquant l'accès progressif de la société à sa majorité responsable, fut ressenti alors comme profondément menaçant pour l'Église. En effet, dans nos sociétés, la religion commençait à relever de plus en plus de la libre adhésion des personnes. La foi devint une affaire d'option, un choix parmi bien d'autres, une préférence privée. L'indifférence religieuse s'afficha plus nettement. On n'était pas contre l'Église, mais l'intérêt se portait ailleurs. L'indifférence religieuse constitue un défi majeur et difficile pour l'évangélisation, beaucoup plus que l'incroyance ou l'athéisme déclaré. Comment susciter le goût de Dieu et éveiller l'intérêt pour l'Évangile? Les gens prenaient leurs distances de l'Église, souvent parce qu'ils avaient vécu dans le passé des expériences décevantes, parfois traumatisantes. D'ailleurs, beaucoup en sont demeurés blessés et ils n'ont pas encore réussi à oublier.

L'avènement de la modernité a été vécu par les gens d'ici comme une émancipation de la tutelle de l'Église. Enfin on pouvait respirer! Devant tous ces changements, l'Église d'ici devint plus discrète, mais elle était inquiète et tout à fait dépourvue devant le mouvement de sécularisation et la chute de la pratique liturgique. Elle a fait son possible pour s'adapter et être de son temps, du moins extérieurement. Dans le paysage, ni prêtres en soutane noire, ni religieuses en costume d'un autre âge, ni *Kyrie* ni *Sanctus*... Mais l'Église a-t-elle vraiment rencontré la société moderne? Sans trop le dire à haute voix, ne pense-t-elle pas que bien de ses malheurs viennent de la modernité? Elle se doit, laisse-t-elle entendre, d'être patiente et d'attendre des temps meilleurs et plus accueillants à son message.

Le nouveau champ de la mission

Au lieu de considérer la modernité comme un obstacle ou un défi ruineux, pourquoi ne la considérons-nous pas comme une chance, mieux, une grâce, et une nouvelle voie d'avenir pour la foi chrétienne, en la provoquant à dévoiler plusieurs de ses virtualités cachées ou paralysées? Récemment, un évêque a choqué des oreilles pieuses en affirmant qu'il fallait sortir de l'église pour aller rencontrer les gens là où ils vivent. En effet, le champ de la mission de l'Église, c'est le monde d'aujourd'hui, le monde moderne dans lequel nous vivons et que nous voulons toujours améliorer. Si la foi chrétienne apprend à jouer sans peur et sans naïveté le jeu d'une relation positive avec le monde d'aujourd'hui, elle y puisera une énergie renouvelée et elle ouvrira une nouvelle page d'histoire.

Devant le monde moderne, la tentation est grande pour des chrétiens et chrétiennes, de moins en moins nombreux, de se réfugier au désert, c'est-à-dire de quitter ce monde pour créer un milieu où ils seront plus à l'aise entre eux en chantant des alléluias et en se donnant des accolades. Oui, des catholiques d'ici succombent à cette tentation. D'autres choisissent de maintenir la doctrine traditionnelle, qu'ils prétendent à tort immuable, refusant non seulement tout dialogue avec la société moderne mais aussi toutes les nouvelles interprétations de la Bible et des dogmes que nous permettent les recherches actuelles. Ces catholiques pensent que, même s'ils sont peu nombreux et parfois exclus ou ridiculisés, ils sont dans la vérité et tous les autres, dans l'erreur. De tendance fondamentaliste, ils recherchent un abri sûr contre le chaos moral de la société occidentale moderne. D'autres catholiques rêvent d'une restauration, c'est-à-dire d'un retour à l'Église d'autrefois que souvent ils connaissent mal et qu'ils idéalisent. Ils pensent qu'avec plus de ferveur et de prière les églises se rempliront à nouveau et que les vocations presbytérales et religieuses seront nombreuses. Pour eux, la vérité se trouve dans les approches théologiques et pastorales du passé. Ils réagissent violemment contre ceux et celles qui tentent de faire entendre dans des mots nouveaux le message libérateur de Jésus, qui valorisent une morale de l'authenticité et de la responsabilité personnelle, et qui cherchent à faire surgir de nouvelles réalisations d'Église. Mais la nostalgie du passé est un leurre. On ne reviendra pas aux situations de jadis qu'il serait naïf, pour le moins, d'exalter ou de vouloir maintenir.

Je me permets ici de citer l'homélie de Jean-Paul II lors d'un voyage en France : « L'Église est toujours une Église du temps présent. Elle ne regarde pas son héritage comme le trésor d'un passé révolu, mais comme une puissance d'inspiration pour avancer dans le pèlerinage de la foi sur des chemins toujours nouveaux [...] Il faut déchiffrer notre vocation chrétienne en fonction de notre temps[16]. » Ce message, il faudrait maintenant le traduire dans des attitudes et des gestes.

---

16   Homélie prononcée à Reims le 22 septembre 1996, dans *La documentation catholique*, n° 2146, 1996, p. 873.

Nous constatons que les forces de l'Église, pourtant si amoindries, sont divisées. Ce tiraillement ne favorise pas la présence de l'Église dans la société moderne et gruge les énergies et le temps de ses responsables. De plus, il nous faut reconnaître que la foi chrétienne ne réussit pas de nos jours à susciter des penseurs, des artistes, des communicateurs qui pourraient, par leurs compétences, leurs œuvres et leur présence dans la société, faire entendre et faire voir l'Évangile. L'Église d'ici ne doit pas, et moins que jamais, se laisser enfermer dans le religieux, comme certains ont tendance à le faire; ceux-ci ne comprennent pas la nature du religieux chrétien. Dès le début de son pontificat, dans sa première encyclique *Le Rédempteur de l'homme*, Jean-Paul II martelait l'idée que l'homme concret avec tous ses problèmes « est la première route et la route fondamentale » (14a). Ainsi les croyants et croyantes, aussi bien au nom de leur responsabilité sociale qu'au nom de leur foi, doivent entrer en discussion sur des problèmes concrets comme les soins de santé, le sort de l'école, le développement économique, la mondialisation, la façon d'accueillir la vie et la mort, et bien d'autres sujets. Il est nécessaire d'investir temps et énergie dans la compréhension des enjeux de la société moderne et de nous rendre présents sur la place publique, non pas en prétendant que nous avons la réponse adéquate sur tout, mais parce que nous pensons pouvoir aider la société d'aujourd'hui à s'engendrer dans plus de justice et de vérité.

Il devient donc urgent que la foi chrétienne fasse entendre sa voix et qu'elle collabore avec la science, la politique, l'économie, à faire naître un projet d'humanité où la personne n'est plus enfermée dans une rationalité étroite et une recherche d'efficacité mesurable à tout prix. L'Église d'ici a la mission d'aménager des espaces nécessaires à la délibération réfléchie et à la discussion responsable. Le message chrétien, qui concerne l'être humain et la société, n'aura de portée que s'il se fait entendre dans les lieux de débat et de prise de décision. Sans triomphalisme, l'Église a la mission d'accompagner la modernité, de la défendre contre ses détracteurs, de critiquer ses erreurs en s'inspirant de l'Évangile. Elle est un partenaire qui peut apporter beaucoup à l'avenir de la culture moderne.

Pour jouer ce rôle de partenaire, l'Église d'ici ne doit refuser aucune remise en question, ni s'enfermer dans les chantiers que son passé lui a légués; au contraire, elle doit cultiver la rencontre et le dialogue avec les rationalités modernes et partager, sur plus d'un point, leurs orientations, leurs problèmes et leurs intérêts. Envisagée ainsi, la présence de l'Église au monde est passionnante : au lieu d'entretenir la nostalgie et la peur de la culture moderne, elle stimule le courage, l'inventivité, et elle prend part à l'avenir de la société.

Vers une inculturation de la foi chrétienne à la modernité

La foi chrétienne peut être vécue dans le monde d'aujourd'hui. Même si la religion n'y a plus la première place et qu'elle n'inspire plus la marche de la société et de ses institutions, ne concluons pas hâtivement que nos contemporains n'ont plus d'intérêt à être chrétiens. Sans vouloir valoriser de façon simpliste le rôle purificateur de la modernité et de l'indifférence religieuse, il me semble que la foi chrétienne devrait se délester de certaines formes du christianisme historique et s'incarner dans de nouvelles expressions. Pouvons-nous décréter qu'une culture donnée, et ici la culture moderne, soit totalement inconciliable avec le message de l'Évangile? Nous sommes appelés à promouvoir une forme historique de l'Évangile qui exigera une actualisation inédite de son message et aussi une contestation de certaines réalisations de la modernité.

Je fais appel ici au concept d'« inculturation » qui est devenu trop facilement à la mode. Par inculturation, on entend le processus par lequel l'Évangile s'insère dans une culture particulière où il prend racine, de sorte qu'il produit des fruits nouveaux[17]. L'inculturation de l'Évangile répond à la logique du mystère de l'incarnation du Fils de Dieu en Jésus de Nazareth. C'est la mission de l'Église « d'évangéliser — non pas de façon décorative, comme par un vernis superficiel, mais de façon vitale, en profondeur et jusque dans leurs racines — la culture et les cultures de l'homme[18] ». Ne pensons pas toutefois qu'il y ait un message chrétien à l'état pur qui doive s'incarner dans des cultures différentes. Le christianisme des débuts est déjà un christianisme inculturé. Or jusqu'à un passé récent, l'évangélisation et l'inculturation s'adressaient aux pays et aux cultures non encore touchés par l'Évangile. L'Asie et l'Afrique étaient les principaux champs de l'activité missionnaire de l'Église. Mais avec la déchristianisation et la sécularisation en Occident, l'Église se doit d'évangéliser la culture moderne, qui est devenue étrangère au christianisme, bien qu'elle soit issue d'une Europe culturellement chrétienne[19]. Paul VI a perçu que « la rupture entre Évangile et culture est sans doute le drame de notre époque[20] ». La modernité, comme culture, est le nouveau champ à ensemencer de l'Évangile. C'est en ce sens que nous pouvons parler d'inculturation de la foi chrétienne à la modernité. Il s'agit d'un projet d'évangélisation qui prend forme de façon encore bien discrète, qui n'est pas encore planifié, mais dont dépend l'avenir du christianisme d'ici.

---

17 Voir : René Jaouen, « Les conditions d'une inculturation fiable. Observations d'un missionnaire au Cameroun », dans *Lumière et Vie*, 23/168, 1984, p. 29-41; Achiel Peelman, *L'inculturation* (coll. *L'horizon du croyant*), Ottawa/Paris, Novalis/Desclée, 1988; Aylward Shorter, *Toward a Theology of Inculturation*, Maryknoll, N.Y., Orbis Book, 1988.

18 Paul VI, *Evangelii nuntiandi*, 20.

19 Voir Hervé Carrier, *Évangélisation et développement des cultures*, Rome, Editrice Pontificia Università Gregoriana, 1990, p. 41.

20 Paul VI, *Evangelii nuntiandi*, 20.

L'Évangile dans la culture actuelle

Dans la réalisation de ce projet, nous devons être attentifs au message chrétien sur Dieu et sur l'être humain en tenant compte du contexte de la modernité qui s'affranchit de la religion. Il faut donc atteindre les fondements, les racines de la culture moderne, c'est-à-dire le sens que les contemporains donnent à leur existence dans l'histoire. On n'évangélisera pas les gens d'ici en faisant fi de leur culture, encore moins contre leur culture. Mais leur culture, elle aussi, a besoin d'être ouverte à autre chose qu'elle-même. Nous n'échappons pas cependant à la culture moderne, et c'est en elle que nous aussi nous entendons plus ou moins bien la Parole de Dieu. Il ne s'agit pas d'une adaptation superficielle par laquelle la foi chrétienne se donnerait un vernis moderne avec le risque de perdre son identité. Au contraire, l'Évangile doit être annoncé sans détour dans toute sa vérité et ses exigences en acceptant de se dépouiller de certaines expressions liées à l'histoire et aux cultures du passé. Et la culture moderne doit s'ouvrir à l'Évangile, l'accueillir, le faire sien et lui donner l'occasion de porter de nouveaux fruits.

Prêtres, agentes et agents de pastorale, catéchètes, évêques, tous sont conscients qu'ils font face à un monde nouveau. Ils peuvent identifier les traits culturels qui caractérisent la société québécoise et qui sont de nature à affecter l'annonce de l'Évangile. Un groupe de travail, constitué par l'Assemblée des évêques du Québec, a produit en 1999 un document intitulé *Annoncer l'Évangile dans la culture actuelle au Québec* qui décrit les traits majeurs de la culture québécoise moderne et tente une réflexion sur le service de la Parole adapté aux contemporains[21]. Les auteurs du document reconnaissent que l'Église du Québec est conviée à une nouvelle tâche d'évangélisation qui commande un renouveau

---

[21]   *Annoncer l'Évangile dans la culture actuelle au Québec*, Montréal, Fides, 1999. Voir aussi *Évangélisation et culture dans le Québec des années 80. Démarches proposées par l'Assemblée des évêques du Québec*, Montréal, Fides, 1983.

dans le langage, les lieux catéchétiques, les parcours et les itinéraires de foi. Les orientations de ce document ne manquent pas de clairvoyance et même d'audace, mais comment les rendre « opératoires »? Qui pourra, dans la situation actuelle, s'engager dans cette tâche d'évangélisation? Des recherches, il faut en entreprendre; des documents, il est nécessaire d'en publier. Mais pour que tout cela « ne dorme pas sur les tablettes », il est urgent de faire des choix dans nos projets pastoraux, d'en cibler l'un ou l'autre et s'attacher concrètement à leur mise en œuvre. Autrement dit, après avoir reconnu l'urgence d'annoncer l'Évangile dans la culture actuelle, à la façon et à l'exemple du missionnaire, il est nécessaire que certains se consacrent totalement à cette nouvelle mission. L'Église d'ici en mesure-t-elle les conséquences et est-elle assez audacieuse pour les assumer?

La nouvelle traduction de la Bible

Parmi les tentatives d'annonce de l'Évangile dans la culture moderne, on ne peut passer sous silence la nouvelle traduction de la Bible[22]. L'originalité de cette traduction est d'avoir été réalisée par des exégètes, compétents et spécialistes des langues anciennes, et par des hommes et des femmes de lettres parmi les meilleurs de la littérature française contemporaine. Exégètes et littéraires, hommes et femmes, francophones du Vieux Continent et d'ici ont travaillé ensemble à produire une Bible pour les lecteurs et lectrices d'aujourd'hui. Ainsi, la Bible n'est plus un texte ancien accessible aux seuls érudits; elle devient vivante, française et contemporaine. Avec cette nouvelle traduction faisant le pari de la littérature, la Bible rejoint un vaste public qui n'a plus de contact avec les Églises et qui ne fréquente guère les librairies religieuses. Elle contribue ainsi à faire entendre un message ancien et d'ailleurs, qui est beau et toujours d'actualité.

---

22 *La Bible. Nouvelle traduction*, Paris/Montréal, Bayard/Médiaspaul, 2001.

Toute traduction a ses qualités et aussi ses limites. Je n'ai pas la compétence pour apprécier cette nouvelle traduction, plus précisément cette « réécriture » fidèle aux sources, mais je tiens à souligner que cette heureuse initiative permet d'inscrire les Écritures judéo-chrétiennes non seulement dans l'Église d'aujourd'hui, mais aussi dans la culture contemporaine. Ne faudrait-il pas entreprendre des projets similaires pour traduire dans la langue d'aujourd'hui les professions de foi et les textes liturgiques?

Le dialogue, le nouveau nom de la mission

L'Église d'ici, comme celles d'ailleurs, est démunie pour rencontrer la société moderne qui se construit sans elle. Elle se préoccupe surtout de la survie des paroisses, où elle tient à assurer les principaux services dans un cadre traditionnel. De fait, elle n'entrevoit pas beaucoup d'autres espaces. Et elle se limite encore trop souvent à répéter le message chrétien sans le traduire et sans l'actualiser pour aujourd'hui. Concrètement, avouons-le, elle n'a plus les ressources financières ni, surtout, le personnel compétent pour promouvoir le développement de la pensée et investir dans la recherche et dans la communication. Ces activités sont nécessaires pour comprendre la culture d'aujourd'hui et pour y prendre part. L'Église n'a plus tellement de moyens pour être sur la place publique, ou mieux dans la vraie vie du monde, parce qu'elle compte non seulement moins de prêtres, mais aussi moins de chrétiens et de chrétiennes préparés à s'engager dans la rencontre avec la société moderne. Elle se fait si discrète qu'elle ressemble de plus en plus à l'étrangère, celle qui parle une autre langue et qui n'est pas encore adaptée à son nouveau pays d'adoption, le monde moderne[23].

---

23 Voir Normand Provencher, *La foi, une étrangère dans le monde moderne?*, Montréal, Fides, 1998.

L'ouverture de l'Église à la société moderne peut se faire principalement par le dialogue avec la société d'aujourd'hui. Ce message d'ouverture au monde, souvent répété depuis Vatican II, est étroitement lié à la définition de l'Église comme « sacrement universel du salut[24] ». Le mystère du salut implique que la mission de l'Église s'accomplisse comme médiation dialogale. En 1964, le pape Paul VI consacrait sa première encyclique, *Ecclesiam suam*, au thème du dialogue franc entre l'Église et le monde. Cette encyclique prophétique est injustement oubliée. Elle voulait mettre en pratique le mot d'ordre de Jean XXIII : « Ouvrez grandes les fenêtres. » Le message de Paul VI est clair : « L'Église ne considère personne comme hors de sa mission. Nul n'est son ennemi qui ne veut pas l'être. Ce n'est pas pour rien qu'elle se dit catholique, ce n'est pas en vain qu'elle a mission de promouvoir dans le monde l'unité, l'amour et la paix[25]. » Dans ses messages et ses gestes, Jean-Paul II a poursuivi le dialogue avec le monde et les grandes religions. Le dialogue est devenu le nouveau nom de la mission[26]. Mais on ne saurait oublier que le dialogue, aussi bien avec les autres religions qu'avec le monde, implique que les partenaires acceptent que la vérité reconnue ensemble les fasse changer d'avis et se transformer, ou au moins progresser dans la connaissance de la vérité. Sans une telle attitude, le dialogue cesse et chacun des interlocuteurs reste sur ses positions.

Sans s'agenouiller devant le monde moderne, le catholicisme peut tenir le rôle de l'interlocuteur conscient des enjeux d'une modernité qu'il a contribué à instaurer. Dans nos sociétés pluralistes et séculières, nous constatons que l'Église n'est pas présente d'abord comme institution, mais par l'entremise de chrétiens et de chrétiennes qui, individuellement ou en groupe,

---

24   *Lumen Gentium*, 1, 1; *Gaudium et Spes*, 42-45.

25   *Ecclesiam suam*, 98.

26   Voir l'encyclique de Jean-Paul II, *La mission du Christ Rédempteur*, 1990, 55-57.

UNE ÉGLISE QUI N'ARRIVE PAS À RENCONTRER LA SOCIÉTÉ MODERNE

influencent la société de l'intérieur. Dans le monde d'aujourd'hui, on accepte de moins en moins des orientations de pensée et d'action qui viennent d'en haut, même de la religion; au contraire, on est prêt à accepter de nouvelles idées si elles sont le fruit d'un dialogue et d'une discussion ouverte auxquels tous, hommes et femmes, ont pu participer.

L'Église a encore beaucoup à apprendre dans l'art de dialoguer avec la société moderne. Cette dernière ne s'empresse pas d'entreprendre un dialogue avec une Église qui n'a pas la réputation d'être vraiment à l'écoute des autres et qui pourrait pourtant lui apporter quelques parcelles de vérité. Selon le théologien Walter Kasper, maintenant cardinal, il nous faudrait retrouver dans l'Église d'aujourd'hui le courage intellectuel des Pères de l'Église et des théologiens du Moyen Âge qui ont su recueillir les fragments et les semences de vérité chez les non-chrétiens pour les intégrer à la pensée chrétienne. Bien des orientations et des réalisations de la modernité, comme la démocratie, la préoccupation écologique, la reconnaissance de l'égalité de l'homme et de la femme, sont encore plus riches que les « semences du Verbe » reconnues par les Pères de l'Église. Kasper jette un regard positif sur les processus modernes de la liberté : « En tant que fruits tombés de l'arbre, ils peuvent être poison et menace mortelle. Liés à l'espérance de la foi chrétienne, intégrés et transformés dans le tout de la tradition chrétienne de l'Occident, ils peuvent libérer de bien des vieilles scléroses et fonder à l'avenir un humanisme de la liberté chrétienne[27]. » Ce que Kasper affirme sur les processus modernes de la liberté, nous pourrions le reconnaître pour plusieurs autres réalisations de la modernité.

Si l'Église ne réussit pas à rencontrer la modernité et à y prendre racine, elle ne remplira pas sa mission et, surtout, elle deviendra

---

[27] Walter KASPER, « L'Église et les processus modernes de la liberté », dans *La documentation catholique*, n° 2111, 1995, p. 244.

de plus en plus isolée et d'un autre temps. À partir du XVIIe siècle, l'Église n'a pas dialogué avec les penseurs et philosophes et depuis ce temps elle n'arrive pas à trouver sa place dans le monde de la pensée. Au XIXe siècle, elle s'est éloignée du monde ouvrier et elle ne peut presque plus le rejoindre. Avec éclat, mais le plus souvent sans bruit, bien des femmes quittent maintenant l'Église où elles ne sont pas reconnues à l'égal de l'homme dans l'exercice des responsabilités. Et il devient de plus en plus évident que les sociétés et les cultures modernes sont en train de se construire sans l'Église. Où donc sera-t-elle bientôt? Ce n'est pas tant sa disparition qui me chagrine, mais plutôt le fait que l'Évangile, qu'elle a la mission de faire entendre, ne pourra plus retentir dans le cœur des humains.

Un projet missionnaire inédit

Dans le monde moderne, pourquoi ne pas adopter l'attitude de Matteo Ricci, missionnaire jésuite en Chine au XVIe siècle? Le philosophe Charles Taylor, l'un des principaux penseurs sur la modernité, propose le projet missionnaire de Ricci comme un modèle qui peut encore nous inspirer, même si les contextes ne sont pas les mêmes. En effet, la modernité est toujours plus ou moins marquée par la révélation judéo-chrétienne; ainsi, nous ne sommes pas de vrais étrangers[28]. Ricci s'est inséré dans la culture des Chinois en apprenant leur langue, leurs coutumes et les rites de leur religion. Il fit tout un effort de discernement pour distinguer ce qui était déviations à être changées et ce qui venait de toute connaissance naturelle de Dieu. N'avons-nous pas aujourd'hui à nous familiariser avec la modernité et à y faire aussi un discernement à la lumière de l'Évangile? Ricci réalisa son projet d'évangélisation qui aboutit à un début de christianisme chinois.

---

[28] Charles TAYLOR, « A Catholic Modernity? », dans *A Catholic Modernity? Charles Taylor's Marianist Award Lecture* (edited and with an introduction by James L. HEFT), New York/Oxford, Oxford University Press, 1999, p. 13-37 et 105-125.

Mais ce fut pour un bref moment, car Rome, de si loin et emprisonnée dans sa culture, condamna avec force ce projet missionnaire qui aurait pu faire naître le christianisme dans le pays le plus populeux de la planète. Le projet missionnaire de Ricci est inspirant et il invite à la réflexion et à l'audace; mais la condamnation par Rome des « rites chinois » suscite encore de la déception et une profonde souffrance puisqu'une fois de plus l'Église n'a pas accepté de recevoir la nouveauté venant d'ailleurs.

* * *

La modernité n'est-elle pas une chance pour le christianisme qui lui permettra d'atteindre un déploiement inédit? La société moderne et sécularisée du Québec n'est-elle pas notre champ de mission que nous avons à ensemencer et d'où surgira une nouvelle réalisation d'Église? Nous avons souvent l'impression que l'Évangile est une réalité bien fragile qui ne peut pas changer grand-chose à l'avancement de la modernité. Mais l'Évangile n'est-il pas cette semence, la plus petite de toutes, qui peut germer et croître dans le champ de la culture moderne? Cette germination ne se fera pas sans faire craquer le sol dur de la modernité, car l'Évangile opère toujours des remises en question, mais il en sortira un grand arbre « si bien que les oiseaux du ciel viennent faire leurs nids dans ses branches » (*Matthieu* 13, 32).

Le Semeur est bien là, semant à tout vent et à pleines mains, mais où sont donc les ouvriers? De la bonne terre, il y en a encore, mais pas toujours défrichée. La semence, la parole du Royaume, ne peut pas être de meilleure qualité. Mais les ouvriers se font attendre et le temps presse, car la saison des semailles arrive à sa fin. Voilà le drame de l'Église d'ici!

Chapitre 5

Une Église qui n'est plus tout à fait crédible

> *De même que notre propre corps nous prévient par des malaises de ce qui, aux yeux des autres, le défigure, de même l'Église, l'Église vécue comme le corps vécu, prévient sans cesse ceux qui la composent et l'animent des distances et des dérives qui la rendent méconnaissable au-dehors.*
>
> Jean-Pierre Manigne[1]

Nous vivons à une époque saturée d'images. Elles nous influencent à ce point que, lorsque des personnages publics ne passent plus la rampe, nous disons spontanément qu'ils ont un « problème d'image ». Sans tarder, ils font appel à des consultants qui leur font toutes sortes de suggestions afin de les rendre plus populaires. L'Église souffre d'un « problème d'image ». Dans bien des milieux, elle est perçue comme une institution dépassée qui n'a pas réussi à s'adapter à la société d'aujourd'hui. Ses tentatives pour paraître moderne font sourire. Elle ne refuse pas de s'organiser à la façon de la bureaucratie courante, avec dossiers et organigrammes, de se brancher sur Internet et de tenir à jour son site. Mais ses projets ne mobilisent plus les foules; son message suscite assez peu d'intérêt et rejoint de moins en moins de gens.

---

[1] *L'Église en vue*, Paris, Les Éditions du Cerf, 1996, p. 161.

Il est vrai que la concurrence est forte, et il ne faut pas s'attendre à une cote d'écoute très élevée. Lorsqu'elle dénonce le matérialisme de notre société et qu'elle propose les valeurs chrétiennes, il est si facile de « zapper » et d'écouter d'autres messages. Beaucoup souffrent d'une certaine allergie à tout ce qui est religieux ou d'Église, comme s'ils avaient eu une indigestion pour en avoir trop consommé dans le passé.

Quant aux jeunes, ils ne connaissent pas l'Église d'autrefois et ils sont loin de celle d'aujourd'hui. Ils sont pourtant portés à la juger ennuyeuse, autoritaire et opposée à la liberté et à l'épanouissement personnel. Même si elle a beaucoup changé depuis quelques décennies, ils s'en méfient ou ils l'ignorent tout simplement. La mémoire collective ne s'efface pas facilement. L'Église au service des démunis, celle qui défend la dignité de la personne, celle qui rappelle la valeur sacrée et unique de toute vie humaine, celle qui plaide pour l'effacement de la dette des pays en développement ne fait pas la une de la presse écrite ou télévisuelle. On prêtera plutôt attention aux critiques concernant des situations du passé, comme le rôle joué par des gens d'Église dans les orphelinats du Québec ou encore les accusations de pédophilie portées contre certains membres du clergé.

De moins en moins de confiance

Chez les catholiques, je perçois un malaise très profond : le manque de confiance à l'égard de l'Église-institution. On ne lui prête plus d'attention, en raison même de sa perte de crédibilité. Il y a de la méfiance envers elle et on prend de plus en plus ses distances. Une telle situation est grave. Quand une institution ou une personne n'est plus crédible, elle est vite oubliée et on s'intéresse à autre chose. Nous sommes loin du temps où l'Église fondait son autorité et sa légitimité en recourant tout simplement à son origine divine et en démontrant, preuves à l'appui, qu'elle était la seule Église, une, sainte, catholique et apostolique. Ces caractéristiques de l'Église, qu'on appelait ses « notes », ne suscitent plus l'attention, ni la confiance des gens d'ici. Sans s'attendre à ce qu'elle soit en tête de liste des sondages, on doit admettre qu'elle est profondément handicapée pour annoncer le message évangélique, l'« heureuse nouvelle » capable d'aider les gens à vivre pleinement. L'Église n'apparaît pas à la hauteur de son message. C'est une situation qui pèse lourd pour son avenir.

Comme toutes les institutions, l'Église est souvent contestée et subit les assauts de la critique, aussi bien de l'extérieur que de ses propres membres. Il s'agit parfois de reproches adressés à l'égard de telle ou telle personne exerçant des fonctions dans l'Église, mais qui n'a pas suffisamment de compétence ou d'habiletés. C'est tout à fait normal, car les ministres de l'Église sont des humains qui ont leurs limites et leurs défauts. Ne faut-il pas se rappeler que la faiblesse humaine fait partie de l'Évangile depuis que Jésus l'a confié aux Apôtres, notamment à Pierre et à Judas? On entend aussi des critiques qui se rapportent à l'institution, aux attitudes de ses ministres et aux manières de célébrer la foi qui ne conviennent plus à la mentalité d'aujourd'hui. De plus en plus de gens choisissent leurs lieux de culte, souvent en fonction du prêtre qui préside l'eucharistie. Récemment, une catholique fervente me disait : « Quand je sais que tel prêtre préside, je vais ailleurs. Je suis incapable d'écouter sa prédication non préparée et insignifiante. » Que de plaintes pouvons-nous entendre! Les gens sont devenus plus exigeants et ils ont raison d'exprimer leur mécontentement.

L'Église est une institution marquée par une longue histoire et elle s'est alourdie au fil des siècles. Il ne lui est pas facile de se dépouiller de son héritage, craignant de perdre des trésors qu'elle considère précieux. Elle souffre aussi des malaises et des critiques qui l'obligeraient à de profondes remises en question, tant de ses institutions les plus vénérables que de son message lui-même. Ces dernières critiques viennent parfois de catholiques engagés sérieusement dans la pastorale ou dans les mouvements ecclésiaux et qui mènent une vie chrétienne exemplaire. L'Église ne peut plus fermer les oreilles à de telles critiques, qui sont loin de n'être toujours que des calomnies.

Au cœur de toutes ces réactions à l'égard de l'Église, un psychologue pourrait aisément y discerner des « projections » traduisant des problèmes personnels : crise d'adolescence non résolue contre toute forme d'autorité; rejet de la mère dominatrice; ou encore projection sur l'autre de l'ombre qui habite l'inconscient. Il y a certainement du vrai dans ces explications fournies par la psychologie. Il faut aussi admettre que beaucoup souffrent du « complexe antiromain » qui les rend suspicieux à l'égard de tout ce qui vient de Rome[2]. De la mère patrie, la France, nous avons certainement hérité un peu de la mentalité antiromaine et anticléricale qui rend assez normale l'opposition à l'Église et surtout à ses curés. Tout en étant de bons catholiques, nos ancêtres s'opposaient parfois rudement aux interventions de l'évêque et du curé; ils ne se privaient pas de critiquer leurs décisions et leurs propos. Que de disputes, allant jusqu'au schisme, sur le choix de l'emplacement de l'église à construire! Toutefois, l'Église d'alors demeurait forte avec toutes ses institutions qui encadraient la société d'ici. Dans les critiques actuelles, on pourrait aussi discerner chez certains une façon d'exprimer un refus de s'impliquer dans l'Église. Ils se disent : « À quoi bon l'Église, avec tant d'erreurs et de faiblesses! Vivons l'Évangile, aimons notre prochain et prions sans passer par elle. » Comme si une Église irréprochable et sans défauts pouvait répondre à toutes leurs exigences, comme si on pouvait être chrétien sans faire partie d'une communauté. Quoi qu'il en soit, il nous faut être attentifs

---

[2] Voir Hans Urs Von Balthasar, *Le complexe antiromain. Essai sur les structures ecclésiales*, Paris, Apostolat des Éditions/Éditions Paulines, 1976. L'auteur prend au sérieux les critiques émises sur Rome au cours des siècles. Puis il invite ses lecteurs à une vision réaliste de l'Église en montrant le rôle du successeur de Pierre et d'une autorité centrale.

aux critiques et aux malaises et tenter d'y discerner les questions qui ne peuvent plus demeurer sans réponse. C'est toute la crédibilité de l'Église qui est en jeu.

Il faut beaucoup de courage et de ténacité pour exprimer librement sa pensée dans l'Église et être prêt à en assumer les conséquences. On a plus d'un moyen de faire taire ceux et celles qui osent émettre une parole neuve et contestataire. L'autorité est sacralisée, auréolée de divin et d'infaillibilité. À l'égard de Rome, les Églises locales sont parfois dans un rapport de vassalité, comme dans un régime féodal et absolu. Dans le climat de « restauration » ou de reprise en main que nous ressentons de plus en plus depuis quelques années, l'Église est considérée comme oppressive et soupçonneuse à l'égard de ceux et de celles qui explorent des chemins nouveaux. Tout est contrôlé par Rome, aussi bien l'enseignement de la théologie que les initiatives dans le domaine de la catéchèse et de la liturgie, des activités qui, pour une bonne part, devraient relever des Églises locales et d'une véritable coresponsabilité épiscopale. On semble avoir oublié le principe de subsidiarité, tellement nécessaire à toute organisation, qui a parfaitement sa place dans l'Église. On comprend facilement que des personnes, capables d'assumer de lourdes responsabilités dans la société civile, ne se sentent pas tellement à l'aise dans l'Église et n'aient plus confiance en elle. Pour devenir crédible, l'Église doit accepter de se laisser interpeller par ses membres et favoriser une libre circulation de la parole.

Déçus, mais sûrs d'eux-mêmes

Contrairement à ce que l'on pourrait penser, suite à ce que nous avons énoncé jusqu'ici, l'Église d'ici n'a pas la confiance des catholiques intransigeants. Ceux-ci sont inquiets, choqués et déçus de son enseignement actuel et de ses nouvelles attitudes. Ils lui disent : « Dites-nous clairement ce qu'il faut croire, ce qui est permis et défendu. » Ces catholiques, désorientés par la nouveauté des comportements et de l'enseignement, ne veulent pas discuter et échanger, mais accepter une parole claire et ferme. Selon eux, les rites liturgiques traditionnels sont immuables. Ils refusent la communion dans la main, même si on leur en donne une explication émanant des Pères de l'Église du Ve siècle. Ils ne veulent pas rendre grâce à Dieu avec les prières eucharistiques récentes, pourtant approuvées par Paul VI et récitées à Rome par Jean-Paul II. Seule la langue latine, qu'ils ne comprennent pas ou peu, leur convient pour exprimer leur foi et leur prière dans les célébrations liturgiques. Le vrai catéchisme n'est pas celui de Jean-Paul II, mais le « petit catéchisme » de la province de Québec, avec ses 508 questions et réponses. Dans les échanges, lors de cours ou de conférences, ces catholiques me donnent l'impression qu'ils ne connaissent pas le doute et qu'ils ont toujours raison. Ils souffrent des changements opérés depuis Vatican II mais, surtout, ils n'ont plus confiance en l'Église actuelle qui, à leurs yeux, dévie de la vérité et est en train de se perdre. Ils se donnent alors la mission de la sauver de la perdition.

C'est pourquoi plusieurs de ces catholiques se joignent à des mouvements militants, dirigés par des personnes autoritaires qui les sécurisent par un enseignement traditionnel à l'apparence solide. Ils ne discutent pas et ils tiennent à un enseignement précis qui ne demande pas d'interprétation. Selon eux, l'Église ne doit pas être un chemin[3], mais une ancre; elle ne doit pas favoriser la recherche et la réflexion personnelle, encore moins les remises en question, mais être un refuge sûr et protecteur. Ces catholiques talonnent avec ténacité leur curé et leur évêque, se permettant même de leur rappeler, à l'occasion, leur devoir et le Code de droit canonique. Ils iront jusqu'à les dénoncer aux autorités supérieures qui parfois leur prêtent malheureusement une oreille

---

[3] Dans les *Actes des Apôtres*, la « Voie » est le nom donné aux chrétiens (9, 2; 19, 9; 22, 4; 24, 14) parce qu'ils suivent la *voie du Seigneur*. C'est certainement l'un des premiers noms pour désigner l'Église.

attentive. Que d'énergie et de temps perdus à écouter avec charité les doléances de ces gens et à répondre avec doigté à leurs lettres de dénonciation, pour éviter de les rendre plus agressifs! N'ont-ils pas la certitude d'être les seuls catholiques authentiques, les gardiens de la foi et aussi les défenseurs du pape, dont les enseignements trouvent chez eux une écoute fort sélective? Mais le problème le plus sérieux, exprimé par ces catholiques déçus mais sûrs d'eux-mêmes, est leur manque de confiance en l'Église actuelle, et surtout en celle d'ici qui a perdu, à leurs yeux, une bonne part de sa crédibilité. Lorsqu'on réfléchit sur l'avenir de l'Église, on ne peut se permettre d'oublier ces catholiques, sans toutefois se laisser guider par eux.

Un message contesté par les « bons » catholiques

Il y a tous les autres catholiques, et ils sont la majorité, qui ont perdu confiance non seulement dans le gouvernement de l'Église mais même dans son enseignement. Ils se permettent d'en douter, de le remettre en question et de le refuser sur plus d'un point. Ces catholiques ont réfléchi sur leur foi et ils ont appris à la situer dans l'ensemble de leurs savoirs et de leur expérience de la vie. Ils ne prétendent pas en montrer aux autorités de l'Église, mais ils sont devenus des croyants adultes et tiennent à être considérés comme tels. Plusieurs d'entre eux ont suivi des cours de théologie et ont fait des lectures sérieuses. Ils ont compris que la doctrine et surtout la discipline de l'Église ne sont pas nécessairement immuables en tout point, qu'elles sont même les expressions de la théologie d'une époque et qu'elles ne tiennent pas compte des recherches actuelles et de la culture moderne. Tout en étant au service de la vérité révélée par Dieu, l'enseignement de l'Église véhicule bien des points de vue qui ne relèvent pas de la révélation. Ces catholiques, hésitants à accueillir le message de l'Église, ne remettent pas en cause le Credo et encore moins l'Évangile, mais ils ne peuvent plus accepter l'enseignement traditionnel sur plusieurs points, du moins dans les formulations qu'on leur présente encore dans la prédication : l'enseignement, par exemple, sur les indulgences, le péché originel, le purgatoire, la nécessité absolue de l'Église pour le salut, etc. Dans le domaine de l'éthique, on accepte de moins en moins l'enseignement de l'Église sur la sexualité. En effet, depuis l'encyclique *Humanæ vitæ* de juillet 1968, beaucoup n'accordent plus leur confiance à l'Église lorsqu'elle maintient un discours qui n'exprime pas la richesse de signification de la sexualité et qui ne tient pas compte des valeurs d'authenticité, de responsabilité personnelle et de liberté. En fait, la majorité des catholiques, même les pratiquants, sont restés sourds aux appels d'*Humanæ vitæ*, montrant ainsi que le temps de l'obéissance inconditionnelle est révolu.

On peut apporter un autre exemple d'une pratique de l'Église qui étonne : son attitude à l'égard des divorcés remariés. Plusieurs évêques et bien des prêtres se demandent sérieusement si, à certaines conditions, les divorcés remariés ne pourraient pas être admis à la communion. On connaît la réponse officielle, donnée par Jean-Paul II dans son exhortation apostolique *Familiaris consortio* en 1981 et reprise à plusieurs occasions :

> L'Église réaffirme sa discipline, fondée sur l'Écriture Sainte, selon laquelle elle ne peut admettre à la communion eucharistique les divorcés remariés. Ils se sont rendus eux-mêmes incapables d'y être admis car leur état et leur condition de vie sont en contradiction objective avec la communion d'amour entre le Christ et l'Église, telle qu'elle s'exprime et est rendue présente dans l'Église. Il y a par ailleurs un autre motif pastoral particulier : si l'on admettait ces personnes à l'Eucharistie, les fidèles seraient induits en erreur et comprendraient mal la doctrine de l'Église concernant l'indissolubilité du mariage[4].

---

[4] JEAN-PAUL II, *Les tâches de la famille chrétienne dans le monde d'aujourd'hui*, 84 (Montréal, Fides, 1981, p. 169).

Les catholiques ne remettent pas en question l'indissolubilité du mariage chrétien. Ce rappel de l'enseignement de l'Église sur les divorcés remariés leur paraît cependant irréalisable, dur et sans compassion. Et surtout, il ne répond pas aux situations concrètes des couples d'aujourd'hui, qui ont à vivre la fidélité à leurs engagements dans des conditions nouvelles et bien différentes de celles du passé. Ces couples et aussi les pasteurs décèlent une sorte d'incohérence entre le message de Jésus sur le pardon et l'attitude de l'Église à leur égard, qui leur interdit de prendre pleinement part à l'eucharistie. Ainsi, beaucoup d'hommes et de femmes n'arrivent pas à entendre de la part de l'Église la Bonne Nouvelle du salut. C'est pourquoi un fossé profond se creuse entre, d'une part, les directives de l'Église officielle et, d'autre part, l'opinion et surtout le comportement des couples catholiques et les pratiques pastorales.

Une autre pratique de l'Église surprend et parfois choque des catholiques : la reconnaissance de la nullité du mariage. En effet, les tribunaux de l'Église reconnaissent et déclarent que le mariage sacramentel n'a pas existé chez un couple marié depuis plusieurs années, parce qu'au moment du mariage manquait l'une des conditions qui en assurent la validité. Cette pratique, appuyée sur le Droit canonique, montre certes le sérieux des exigences du mariage chrétien et aussi la bienveillance de l'Église. Mais comment faire comprendre aux couples qu'ils n'ont jamais été mariés, après avoir connu une vie d'amour durant plusieurs années, après avoir mis au monde des enfants et mené une vie chrétienne sincère? Les situations ne sont pas toujours aussi belles, mais il y en a. Toute une compréhension du sacrement de mariage dans la vie concrète est à revoir, en n'oubliant pas que le Christ prend le risque d'être présent et agissant dans le sacrement et que des erreurs et des faiblesses sont toujours possibles. Encore une fois, des catholiques constatent que des pratiques de l'Église, bien intentionnées certes et justifiées selon une certaine théologie, ne sont plus dans la mouvance de l'Évangile du salut en Jésus Christ.

Ces catholiques ont ainsi des questions sérieuses à poser sur la doctrine et la pratique de l'Église sur le mariage. Pourquoi ne pas les écouter?

Le refus actuel de l'enseignement de l'Église nous permet d'être plus attentifs à un fait qui caractérise son histoire : la diversité des expressions de la foi et le caractère culturel de plusieurs lois. La parole que Dieu nous adresse en Jésus Christ est unique, mais non son accueil et sa formulation par les croyants et croyantes. Les quatre évangiles, acceptés par l'Église, en témoignent nettement. Le mystère de la personne de Jésus et son message sont exprimés de diverses façons, selon la personnalité de l'évangéliste et les particularités de ses destinataires. L'événement de la Pentecôte est éclairant sur ce point : « Tous, tant Juifs que prosélytes, Crétois et Arabes, nous les entendons annoncer dans nos langues les merveilles de Dieu » (*Actes des Apôtres* 2, 11). Jésus seul affirme qu'il est « la vérité » (*Jean* 14, 6). Aussi est-il toujours au-delà de ce que nous arrivons à comprendre et à exprimer. Son message est nouveau et exigeant, mais il ne revient pas à un seul groupe dans l'Église d'en déterminer et d'en préciser les implications concrètes. La grande tradition catholique faisait place à une diversité de coutumes et d'expressions théologiques au sein de l'unité de la foi. Sans céder à aucun relativisme doctrinal, la fidélité au message de Jésus et à la tradition de l'Église ne consiste pas à répéter des formules héritées du passé, mais plutôt à faire un effort constant d'actualisation et d'invention créatrice. Pour être crédible, l'Église est appelée à revoir son enseignement pour le rendre plus signifiant et ainsi plus acceptable aux hommes et aux femmes d'aujourd'hui. En a-t-elle la volonté et le courage? Demain, il sera trop tard.

Personne n'est propriétaire de la vérité

Pour la majorité des catholiques, ce n'est pas tant le message de l'Église qu'ils contestent parfois, mais son attitude à l'égard de la vérité et sa façon d'enseigner. Les responsables de l'Église enseignent trop souvent comme s'ils étaient les seuls propriétaires et les détenteurs uniques de la vérité. Personne dans l'Église n'a le privilège d'avoir une « ligne privée » et une communication directe avec Dieu[5]. Vatican II a rappelé en termes clairs que « le magistère n'est pas au-dessus de la Parole de Dieu, mais il la sert[6] ».

Dans le contexte actuel de la modernité, la manière d'enseigner et de formuler la foi est devenue aussi importante que le contenu. En d'autres termes, le « ton » a beaucoup d'importance, pas seulement le contenu du message. Les gens à qui l'Église s'adresse aujourd'hui n'écouteront qu'à la condition de prendre part à la discussion et d'avoir accès au lieu où le message s'élabore. Plus les laïcs exercent des responsabilités dans l'Église et deviennent des croyants et des croyantes adultes, plus ils ont droit aux informations nécessaires dans les prises de décision. Ils n'acceptent plus une parole toute faite et établie devant laquelle il n'y a plus rien à dire ou à modifier. Ils tiennent à prendre part à la recherche de la vérité et à sa formulation. Dans le contexte d'aujourd'hui, la vérité est sortie du dilemme trop simpliste du connu et de l'inconnu, de la vérité plénière ou de l'erreur totale. Devant une question nouvelle ou un problème, la vérité ne se trouve pas tout de suite. Même en ce qui se rapporte à la vérité évangélique, la nécessité de la recherche s'impose. Personne, même dans l'Église, ne peut prétendre avoir toute la vérité, car on doit chercher sans cesse pour rester dans la vérité; celle-ci nous dépasse tous. Chercher, avant d'affirmer, exige des consultations non seulement auprès de spécialistes, mais aussi auprès des personnes qui ont une expérience de vie, c'est-à-dire, dans l'Église, les croyants et

---

[5] « Le Pontife romain et les évêques s'appliquent avec zèle à scruter consciencieusement et à énoncer correctement cette Révélation, dans la conscience de leur devoir et de la gravité de la chose, en ayant recours aux moyens convenables; mais ils ne reçoivent, comme appartenant au dépôt divin de la foi, aucune nouvelle révélation publique » (Vatican II, *Constitution sur l'Église*, 25).

[6] *Constitution sur la Révélation*, 10.

les croyantes, et non un groupe restreint. Dans des termes très forts, Mgr Albert Rouet, évêque de Poitiers, souhaite une Église en dialogue avec les hommes et les femmes d'aujourd'hui :

> Nous ne donnons pas suffisamment l'impression d'être une Église en dialogue avec ceux à qui nous nous adressons. On ne conduit pas le peuple de Dieu comme un troupeau de vaches. Les hommes et les femmes sont des sujets de parole, des sujets de liberté et on ne peut s'adresser à eux qu'en respectant leur autonomie de décision et leur capacité de réflexion[7].

Ce n'est pas un déshonneur, pour le magistère et les responsables dans l'Église, de reconnaître qu'ils sont eux-mêmes en recherche et qu'ils n'ont pas nécessairement des réponses claires sur tout. D'ailleurs, dans le domaine de la foi, il y a toujours des zones d'ombre. Ils ne s'agit pas seulement de faire des compromis pour obtenir des consensus, mais de dialoguer avec les personnes qui vivent l'Évangile dans le concret de la vie et du monde d'aujourd'hui. Pour cela, il faut établir un climat de confiance entre Rome et les Églises locales, entre les évêques et les théologiens et théologiennes, entre les responsables de la pastorale et les communautés chrétiennes. Au lieu de la confiance, il y a trop souvent de la suspicion, quand ce n'est pas de la prétention et de la lutte de pouvoir. Museler la parole constitue la façon la plus efficace de fomenter la protestation ou de susciter l'indifférence.

Il y a dans l'Église une autre carence sérieuse : l'absence de débat[8]. On a l'impression que la discussion fait l'objet d'une réprobation et que tous les chrétiens et chrétiennes doivent nécessairement être d'accord sur tout. À supposer que cette

---

7   Albert ROUET, *La chance d'un christianisme fragile. Entretiens avec Yves de Gentil-Baichis*, Paris, Bayard, 2001, p. 44.

8   Voir Jean RIGAL, « Le débat dans l'Église », dans *Études*, 383/3, 1995, p. 219-229.

unanimité soit réalisable, elle n'est pas toujours souhaitable, car sur la plupart des problèmes, surtout dans le domaine de l'éthique, il y a peu de vérités absolues. Pourquoi les catholiques, parce que catholiques, devraient tous adopter, en raison de leur foi commune, la même solution? Quant aux questions intéressant la vie de l'Église, elles aussi gagneraient à faire l'objet d'un débat ouvert entre adultes. Il n'est pas normal que certaines questions ne puissent pas être débattues et faire l'objet d'une recherche sérieuse. À titre d'exemple : même la question épineuse de l'accès des femmes au presbytérat pourrait faire l'objet d'une recherche et d'un débat. Tout y est encore décidé à partir d'en haut. On peut déplorer de l'Église-institution qu'elle ne tient pas compte de « l'opinion publique ». Pour y arriver, il est nécessaire de favoriser des lieux de discussion et des tribunes où les gens pourraient s'exprimer en toute liberté. Depuis quelques années, je constate que ces tribunes se font rares. Pour s'exprimer, les gens recourent alors à la radio, à la télévision ou encore à Internet.

Qui donc aura l'audace de Paul pour dire clairement à Pierre ce qu'il faut faire pour que l'Église remplisse sa mission aujourd'hui : « Lorsque Céphas vint à Antioche, je me suis opposé à lui ouvertement, car il s'était mis dans son tort » (*Galates* 2, 11)?

La « grâce de la parole »

Les chrétiens et les chrétiennes vivent une expérience de foi et ils ont la capacité et le droit de prendre la parole. Ils ne sont plus des enfants (du latin *infans*, c'est-à-dire « qui ne parle pas »). La constitution conciliaire *Lumen gentium* reconnaît que l'Église n'est pas un troupeau conduit par des bergers qui, seuls, savent le but : elle est plutôt un peuple conscient et libre composé de personnes dotées de charismes et de ministères en vue d'accomplir sa mission. Le passage d'une Église hiérarchique à une Église peuple de Dieu et communion n'élimine pas le rôle des responsables. Au contraire, il le situe dans un autre espace : une communauté où tous, ayant reçu le don de l'Esprit, partagent une commune dignité fondamentale de témoins de l'Évangile et ainsi peuvent prendre part à l'élaboration du discours sur la foi et la morale. Selon Vatican II, le Christ est toujours le grand Prophète qui « accomplit sa fonction prophétique jusqu'à la pleine manifestation de sa gloire, non seulement par la hiérarchie qui enseigne en son nom et avec son pouvoir, mais aussi par les laïcs dont il fait pour cela ses témoins en les pourvoyant du sens de la foi et de la grâce de la parole[9] ».

Selon Vatican II, tous les baptisés jouissent du « sens de la foi », qui est une sorte d'instinct chrétien ou encore de tact leur permettant de saisir, d'assimiler et d'exprimer la vérité de l'Évangile. De plus, les laïcs reçoivent « la grâce de la parole ». La libre expression des chrétiens et des chrétiennes est un droit inaliénable reposant sur leur baptême, qui les rend membres à part entière de l'Église. L'évêque saint Paulin de Nole, mort en 431, en souligne avec clarté le fondement ultime : « Soyons suspendus à la bouche de tous les fidèles, car en tout fidèle souffle l'Esprit de Dieu[10]. » Dans sa lettre apostolique *Le Nouveau Millénaire*, Jean-Paul II cite cette phrase de saint Paulin de Nole (n° 45).

On oublie souvent une maxime du droit romain d'usage courant dans l'Église ancienne, qu'on retrouve au Moyen Âge et qui est reprise dans le Code de droit canonique de 1983, au canon 119, 3 : « Ce qui touche à tous doit être traité et approuvé par tous[11]. » Dans l'Église des premiers siècles, la participation du peuple au gouvernement de l'Église et au choix de ses ministres est établie en principe. Saint Léon le Grand, pape de 440 à 461, l'atteste clairement en ces termes : « Celui qui doit présider à tous

---

9 *Constitution sur l'Église*, 35.

10 Paulin de Nole, *Litteræ* XXIII, n° 36, dans *CSEL*, t. 29, p. 193.

11 Le Code cependant ne retient cette maxime que pour certains actes collégiaux.

doit être élu par tous[12]. » Nul n'en doute, il existait déjà des pratiques autoritaires pour qu'on rappelle cette règle de participation. Il reste qu'on tenait à souligner le droits des fidèles dans l'exercice du pouvoir ecclésial.

Dans bien des milieux, on pense que le charisme de la vérité n'est donné qu'au pape et partiellement aux évêques. Ce n'est pas la position de Vatican II. Au contraire, dans un texte rarement cité et commenté, on affirme :

> La collectivité des fidèles, ayant l'onction qui vient du Saint (cf. *I Jean* 2, 20 et 27) ne peut se tromper dans la foi : ce don particulier qu'elle possède, elle le manifeste par le moyen du sens surnaturel de foi qui est celui du peuple tout entier, lorsque, « des évêques jusqu'aux derniers fidèles laïcs », elle apporte aux vérités concernant la foi et les mœurs un consentement universel[13].

En effet, quand l'ensemble des fidèles, évêques et laïcs, est unanime sur une question de foi et de morale, l'erreur est exclue, grâce à l'animation de l'Esprit. Il existe donc chez le peuple croyant une infaillibilité dont le magistère devra toujours tenir compte. Au cours de l'histoire de l'Église, il est arrivé que les laïcs aient contribué à garder la foi de l'Église. Ce fut le cas au temps de l'arianisme du IVe siècle, où la majorité des évêques niaient la divinité du Fils en Dieu. On peut citer un autre cas, vers 431, où les fidèles ont exprimé leur foi en Marie, Mère de Dieu, en s'opposant fortement, et même bruyamment, à la prédication de Nestorius, alors patriarche de Constantinople. Plus près de nous, il ne faut pas oublier que Pie XII s'est adressé à tous les évêques et à leurs fidèles avant de déclarer le dogme de l'Assomption de la Vierge Marie, en 1950. L'autorité des fidèles, pour ne pas dire le

---

12   Léon le Grand, *Litteræ* X, n° 6, dans P.L. t. 54, col. 634.

13   *Constitution sur l'Église*, 12.

magistère des fidèles[14], est donc fondée sur la nature même de l'Église. Mais il reste à la mettre en pratique dans son fonctionnement pour que la coresponsabilité du peuple de Dieu y trouve son compte[15].

Dans un sens, cette autorité de l'ensemble des fidèles est déjà à l'œuvre et s'exprime parfois par une certaine résistance, le plus souvent, par l'indifférence. Autrement dit, les baptisés font déjà un tri de façon spontanée ou réfléchie et, sans prendre la parole, ils disent « non » à l'enseignement officiel de l'Église. Mais l'exercice de cette autorité pourrait se faire de bien d'autres manières : la mise en place de conseils, de synodes, de lieux de concertation et d'échanges.

Or trop souvent, non seulement à Rome mais aussi dans nos diocèses, les autorités de l'Église ne considèrent pas les gens comme des adultes capables de réflexion et de jugement. Elles ne suscitent pas un climat de confiance et de bonne foi mutuelle; elles ne savent pas dialoguer avec eux. Et pourtant, on n'a jamais autant parlé du dialogue dans l'Église. Au début de son pontificat, Paul VI a lancé ce message : « L'Église doit entrer en dialogue avec le monde dans lequel elle vit. L'Église se fait parole; l'Église se fait message; l'Église se fait conversation[16]. » L'Église adopte ainsi l'attitude de Dieu quand il se révèle aux humains. Selon la constitution conciliaire sur la révélation, « le Dieu invisible s'adresse aux hommes en son immense amour comme à des amis,

---

14   Voir Heinrich FRIES, « Existe-t-il un magistère des fidèles? », dans *Concilium*, 200, 1985, p. 105-116; Christian DUQUOC, « Le peuple de Dieu, sujet actif de la foi dans l'Église », dans *Concilium*, 200, 1985, p. 95-104.

15   Lire Bernard SESBOÜÉ, *Le magistère à l'épreuve. Autorité, vérité et liberté dans l'Église*, Paris, Desclée de Brouwer, 2001, notamment le chapitre 12 intitulé « Exercice du magistère et conscience contemporaine », p. 289-307; André NAUD, *Le magistère incertain*, Montréal, Fides, 1987; ID., *Un aggiornamento et son éclipse. La liberté de la pensée dans la foi et dans l'Église à Vatican II et aujourd'hui*, Montréal, Fides, 1996.

16   PAUL VI, *Ecclesiam suam*, 67.

il s'entretient avec eux pour les inviter et les admettre à partager sa propre vie[17] ». Nous savons tous que le dialogue ne se fait pas à sens unique. Pas de dialogue possible sans accepter du même coup de donner, bien sûr, mais tout autant de recevoir.

Plus que jamais, l'Église a besoin de l'intelligence, de l'énergie et de l'imagination de tous ses membres. Elle ne peut plus compter sur les seules forces de ses dirigeants. Ajoutons également qu'elle doit écouter ceux et celles qui l'ont quittée et qui lui apporteraient beaucoup en lui faisant part des raisons de leur départ. L'avenir de l'Église est dans la voie du dialogue avec tous ceux et celles qui se soucient du progrès de l'humanité vers plus de vérité et de justice.

Une Église de la question et de l'écoute

Dans un monde où la publicité nous matraque de certitudes, l'originalité de l'Église, selon Mgr Rouet, serait d'être « une Église de la question qui demande aux hommes et aux femmes quel est leur désir profond, quel sens ils veulent donner à leur vie et s'ils sont prêts à se battre pour sauver leur amour[18] ». Mais si elle consent à être « une Église de la question », elle devra devenir « une Église de l'écoute ». Si elle n'est pas attentive aux attentes, à la pensée et au vécu des gens, personne ne l'écoutera, même si ses réponses sont vraies.

C'est pourquoi l'Église ne peut pas tenir un discours sur le mariage et la procréation sans avoir d'abord consulté et écouté les couples chrétiens qui vivent la sexualité. Au synode romain sur la famille, tenu en 1980, le cardinal Hume, archevêque de Westminster, le reconnaissait en termes clairs :

---

17   *Constitution sur la Révélation*, 2.

18   Albert Rouet, *La chance d'un christianisme fragile*, p. 46-47.

Les couples mariés ont à un double titre une autorité particulière dans les matières concernant le mariage : tout d'abord ils sont les ministres du sacrement et, ensuite, eux seuls ont fait l'expérience des effets du sacrement qui les rend capables de participer sacramentellement à l'amour du Christ pour son Église[19].

Dans le débat sur la famille et la sexualité, l'Église doit tenir compte de la réflexion et de la pratique de celles et de ceux qui sont directement concernés et qui en sont les tout premiers responsables. L'Église ne peut se prononcer sur la place des femmes dans les ministères sans avoir écouté celles qui exercent des ministères avec compétence et dévouement depuis des années et sans avoir recueilli les commentaires des communautés. L'Église d'ici ne peut plus s'engager dans les aménagements pastoraux sans informer les gens et sans savoir ce qu'ils pensent et veulent. Elle ne peut pas refuser la pratique de l'absolution collective, comme on vient de le faire récemment dans certains diocèses d'ici, sans tenir compte de l'expérience concrète des pasteurs et des fidèles qui ont vécu cette pratique depuis des années comme une grâce de paix et de réconfort[20]. On ne peut plus organiser des synodes diocésains en mettant des *veto* sur un certain nombre de questions, comme l'ordination des hommes mariés et l'accès des divorcés remariés aux sacrements. Pourra-t-on continuer à proclamer de façon honnête l'égalité de tous les baptisés, quand la moitié d'entre eux sont exclus des ministères ordonnés, en raison de leur sexe? Bien des catholiques trouvent étrange qu'on soit arrivé à penser que seuls des hommes célibataires sont aptes à

---

19   *Aujourd'hui la famille*, Paris, Centurion, 1981, p. 185.

20   Avec le *Motu proprio Misericordia Dei* du 7 avril 2002, connu le 2 mai, on peut comprendre cette décision prise par quelques évêques d'ici de ne plus autoriser l'absolution collective. Ce *Motu proprio* représente une position régressive par rapport à l'*Ordo Pænitentiæ* de Paul VI. Il ne tient pas compte de la demande de révision demandée par Vatican II (*Constitution sur la Liturgie*, 72), ni de la théologie récente, ni de la pratique concrète de ce sacrement en plusieurs diocèses.

représenter le Christ Bon Pasteur et évoquer l'initiative de Dieu pour le salut de l'humanité. Nous faisons l'expérience depuis plusieurs années que les femmes incarnent aussi bien que les hommes, et parfois mieux, les attitudes du Christ Pasteur, maintenant ressuscité et vivant au-delà des déterminismes de la sexualité.

Dans bien des manières de faire, on peut se demander où est la liberté religieuse, d'une part prônée par Vatican II dans les rapports de l'Église avec les autres religions et la société mais, d'autre part, dépourvue d'un impact véritablement adapté à la vie interne de l'Église. Pour demeurer dans la vérité et être crédible, l'Église doit tenir compte de la réflexion et du vécu des catholiques et reconnaître que le même Esprit, qui suscite des prises de position du magistère, est aussi à l'œuvre chez tous les membres du peuple de Dieu.

Faire confiance à l'intelligence des gens

La parole de l'Église-institution, aussi bien celle du magistère que celle de la prédication, adopte encore trop souvent le ton de l'obligation, au lieu de l'invitation ou de la proposition. Elle ne fait pas toujours appel à la conscience des gens et à leur intelligence qui veut comprendre. La manière d'agir des autorités romaines, et parfois de celles d'ici, est de faire appel uniquement à l'obéissance et à la soumission. Or la foi des gens devient de plus en plus une foi personnelle qui se veut informée, une foi communautaire qui se veut participante et engagée. Cela se manifeste chez les laïcs par le désir de savoir. Bon nombre d'étudiants et d'étudiantes en théologie ne cherchent plus seulement à acquérir les crédits requis pour un emploi ou un ministère : ils aspirent plutôt à mieux comprendre leur foi. Il ne s'agirait pas de concéder tout et n'importe quoi, mais d'assurer une authentique communication dans un processus qui fait appel à la discussion, à la concertation, au débat et au dialogue. Bien des procédures sont à inventer.

Le contenu de la Parole de Dieu concerne l'être humain au plus profond de lui-même et lui apporte un bien essentiel. Dans son enseignement, et cela vaut pour toute prédication, l'Église ne peut pas se permettre de présenter son message sans montrer qu'il apporte le bonheur et la libération des humains. Les fidèles doivent être amenés à saisir par eux-mêmes qu'il leur est bon d'accepter ce message et qu'ils peuvent faire confiance à l'Église. Ils doivent faire l'expérience que la Parole de Dieu a bon goût, comme le miel (*Psaume* 119, 103), que Dieu est solide comme un rocher (*Psaume* 18, 32), que le Christ vient à leur secours comme le Bon Pasteur (*Jean* 10, 11). Ils doivent apprendre aussi à rendre compte de leur foi et de leur espérance (*1 Pierre* 3, 15). La foi qui cherche à comprendre n'est pas seulement la foi des spécialistes de la théologie. Glorifier la foi du charbonnier et évoquer l'importance d'une certaine simplicité du cœur seraient des manières d'encourager les gens à l'infantilisme et à la paresse de l'intelligence. Une telle attitude ne favorise guère l'annonce de l'Évangile aujourd'hui. Il ne faudrait pas oublier que bien des gens humbles et modestes réfléchissent beaucoup plus qu'on ne le pense...

Avec les siècles, le christianisme est devenu une religion compliquée, voire encombrée. Pour être crédible, l'Église ne saurait oublier qu'elle est au service d'une Parole dont elle n'est pas la source et la maîtresse : elle devra tenir compte du *sensus fidelium*, ce sens de la foi des fidèles qui ne se trompe pas. Elle fera confiance à la force de l'Évangile, sa principale raison d'être, qui rejoint les cœurs. On ne peut nier qu'il est nécessaire d'interpréter le message évangélique, de l'inculturer, de le traduire. Le travail d'actualisation est toujours à reprendre. Sans cela, l'Évangile ne résonne plus comme une Bonne Nouvelle. Un « grand ménage du printemps » est à faire pour retrouver l'Évangile et le faire entendre dans la fraîcheur et la force de ses origines. Il faudra s'atteler à cette tâche sans trop tarder pour que l'Église soit crédible et que le message chrétien soit accueilli aujourd'hui.

Une invitation à chercher ensemble avec le pape

Dans l'encyclique *Qu'ils soient un* (*Ut unum sint*), en 1995, Jean-Paul II affirme qu'il cherche de nouvelles manières d'exercer son ministère de la primauté afin de favoriser l'union des Églises : « J'écoute la requête qui m'est adressée de trouver une forme d'exercice de la primauté ouverte à une situation nouvelle, mais sans renoncement aucun à l'essentiel de sa mission[21]. » En effet, comme le montre le témoignage du premier millénaire, cet « essentiel » du rôle du pape ne comportait pas comme maintenant le gouvernement direct de l'Église. Celui-ci était confié aux patriarches qui exerçaient une primauté régionale. Mais en Occident, il y a un seul siège apostolique et un seul patriarcat. Ainsi, l'évêque de Rome, en plus d'exercer son ministère de l'unité de l'Église universelle, assure le gouvernement de toute l'Église latine. Cette évolution historique a contribué à donner une figure de la fonction pontificale qui pourrait s'exercer autrement. Le pape en est conscient et il demande des suggestions aux évêques et aux théologiens :

> C'est une tâche immense que nous ne pouvons refuser et que je ne puis mener à bien tout seul. La communion réelle, même imparfaite, qui existe entre nous tous ne pourrait-elle pas inciter les responsables ecclésiaux et leurs théologiens à instaurer avec moi sur ce sujet un dialogue fraternel et patient, dans lequel nous pourrions nous écouter au-delà des polémiques stériles, n'ayant à l'esprit que la volonté du Christ pour son Église, nous laissant saisir par son cri, « que tous soient un… afin que le monde croie que tu m'as envoyé » (*Jn* 17, 21) [22] ?

---

[21] Jean-Paul II, *Qu'ils soient un*, n° 95.

[22] Jean-Paul II, *Qu'ils soient un*, n° 96.

Une des réponses les plus explicites données à l'appel de Jean-Paul II concernant le ministère de l'unité fut celle de Mgr John R. Quinn, archevêque émérite de San Francisco et ancien président de la Conférence épiscopale américaine[23]. Dans un grand respect pour le pape, il ose mettre le doigt sur une réalité qui prend toujours plus de place dans le fonctionnement de l'Église : l'émergence de la Curie romaine comme le troisième pouvoir situé entre le pape et les évêques. Cette situation crée beaucoup de tensions depuis quelques décennies et affaiblit la crédibilité du ministère du pape. L'intervention de Mgr Quinn est un geste courageux et franc que d'autres devraient imiter sans tarder.

Dans le même sens, le cardinal Martini, archevêque de Milan, prononça, en octobre 1999, une intervention courageuse, à l'occasion du synode des évêques européens réunis à Rome. Il suggère de

> répéter de temps en temps, au cours du siècle qui s'ouvre, une expérience universelle d'échanges de vues entre les évêques, qui permette de se défaire de ces « nœuds » disciplinaires et doctrinaux qui, peut-être, n'ont été que peu évoqués au cours de ces journées, mais qui réapparaissent périodiquement comme points chauds sur le chemin des Églises européennes, et pas seulement européennes[24].

Le cardinal énumère quelques-uns de ces « points chauds » : la situation de la femme dans la société et dans l'Église, la participation des laïcs à certaines responsabilités ministérielles, la sexualité, la discipline du mariage, la pratique pénitentielle. Cette suggestion

---

[23] John R. QUINN, « Réflexions sur la papauté », dans *La documentation catholique*, n° 2193, 1996, p. 930-941. Du même auteur, voir *The Reform of the Papacy. The Costly Call to Christian Unity*, New York, Herder and Herder, 1999.

[24] Carlo MARTINI, « Interventions des Pères synodaux », dans *La documentation catholique*, n° 2213, 1999, p. 950.

du cardinal Martini se réalisera-t-elle? On devrait la mettre en œuvre sans tarder, car l'Église doit avoir le courage d'affronter les questions d'aujourd'hui et de le faire selon une modalité nouvelle, celle du dialogue et de la recherche en commun. Elle deviendrait ainsi plus crédible au regard de ses contemporains. Et les responsables de l'Église d'ici ne devraient pas craindre d'exprimer plus ouvertement leurs idées concernant le gouvernement de l'Église et de répondre ainsi à l'appel de Jean-Paul II.

Une Église qui demande pardon

La demande de pardon de Jean-Paul II en la basilique Saint-Pierre le 12 mars 2000, à l'occasion de l'année jubilaire, est certainement un événement qui peut apporter de la crédibilité à l'Église. C'est la première fois que l'Église, en la personne de ses représentants et à la face du monde, implore le pardon de Dieu pour les péchés des chrétiens. Il faut certes souligner le caractère inédit de cette démarche sans précédent dans l'histoire de l'Église, mais qui est en consonance avec toutes les autres demandes de pardon que Jean-Paul II a énoncées à l'occasion de ses nombreux voyages[25].

Si la demande de pardon, à Saint-Pierre de Rome, s'adressait à Dieu, elle avait pour objet les fautes et les crimes dont les chrétiens s'étaient rendus coupables envers leurs proches durant les derniers siècles : les fautes commises dans le service de la vérité, les péchés qui ont compromis l'unité des Églises, ceux touchant les relations avec le peuple juif et, enfin, les comportements qui ont porté atteinte à la paix, aux droits des peuples, au respect des cultures et des religions, à la dignité de la femme et aux droits fondamentaux de la personne. Presque rien ne fut oublié du passé de l'Église.

---

[25] Voir Luigi ACCATTALI, *Quand le pape demande pardon*, Paris, Albin Michel, 1997; Pierre GERVAIS, « La demande de pardon de Jean-Paul II et ses implications théologiques », dans *Nouvelle Revue Théologique*, 123/1, 2001, p. 4-18.

Nous devons admettre que cette demande de pardon à Dieu constitue un geste courageux, à un moment où l'on critique si facilement l'Église. On sait que tout aveu rend vulnérable. En effet, comment faire confiance à l'Église qui se reconnaît coupable, à la face du monde, de tant de crimes commis parfois au nom de l'Évangile? L'Église ne peut contrôler l'interprétation que chacun demeure libre de faire, en positif ou en négatif, des actions qu'elle pose. Jean-Paul II a pris ce risque. Il a ainsi montré que l'Église, composée d'hommes et de femmes, est faible et pécheresse. La demande de pardon n'occulte certes pas le passé et ne banalise pas la faute, mais elle contribue à purifier la mémoire et à réconcilier les humains entre eux. Mais ces demandes de pardon de la part des responsables de l'Église seront vraiment crédibles à la condition qu'elles ne concernent pas que le passé. Qu'en est-il des fautes actuelles? Tout en reconnaissant la grandeur du geste de Jean-Paul II, ne faut-il pas souhaiter vivement que certaines attitudes et manières de faire de l'Église d'aujourd'hui changent sans tarder pour que les prochains papes n'aient pas à demander pardon? L'Église qui demande pardon sera vraiment plus crédible et convaincante lorsqu'elle aura le « ferme propos » de ne plus recommencer.

L'Église d'ici, comme toutes les autres Églises, ne peut pas éviter les demandes de pardon pour les erreurs du passé. Même si je pense que cette démarche est nécessaire, elle comporte une ambiguïté sérieuse, car nous ne pouvons demander pardon, au sens strict, que pour le mal dont nous sommes personnellement responsables. On ne demande pas pardon pour les autres, encore moins au nom des gens du passé. Mais il est salutaire de reconnaître les erreurs et les torts du passé et de les déplorer. Cela peut nous rendre plus humbles et davantage conscients de notre vulnérabilité commune, conscients que nous pouvons commettre des gestes non conformes à l'Évangile que nous annonçons. C'est en étant toujours plus humble et consciente de ses limites et de ses pauvretés que l'Église d'ici sera digne de confiance pour les chercheurs de vérité.

Lorsqu'on demanda à Mgr Rouet ce que l'Église devrait faire pour être mieux perçue par ses contemporains, sans tomber dans la basse démagogie, il fit cette réponse audacieuse : « J'aimerais une Église qui ose montrer sa fragilité. Dans l'Évangile, on voit que le Christ a eu faim et on ne cache pas qu'il était fatigué. Or parfois l'Église donne l'impression qu'elle n'a besoin de rien et que les hommes n'ont rien à lui donner[26]. »

Les gens exigent de la transparence de la part de leur gouvernement, des organismes et aussi de l'Église. Les belles paroles ne suffisent plus : ils veulent des actions concrètes qui sonnent vrai. Nous en sommes témoins depuis quelque temps avec les scandales qui secouent l'Église américaine et d'autres Églises à travers le monde. L'Église d'ici a eu sa part de scandales. Les gens pardonnent bien des faiblesses et des erreurs de la part des hommes d'Église, surtout les faiblesses d'ordre sexuel, à l'exception des abus concernant des enfants. Mais ils sont scandalisés et choqués lorsque les autorités tardent à prendre les décisions qui s'imposent et, surtout, lorsqu'elles tentent de camoufler ces fautes. Les gens ne tolèrent pas, et avec raison, le manque de transparence et d'honnêteté. En agissant ainsi, des évêques et des cardinaux contribuent à rendre l'Église moins crédible et inapte à annoncer l'Évangile. Cette situation ébranle la foi des catholiques. Les plus convaincus se consolent en disant : « L'Église ne se réduit pas aux seuls prêtres et aux évêques. Elle vaut mieux que les humains qui la composent et la dirigent, et ce n'est pas la première fois que cette institution deux fois millénaire traverse une crise majeure. » Mais la crise de l'Église américaine, fortement médiatisée, n'est pas sans répercussions chez nous. Ces événements sont une épreuve pour toute l'Église. Elle en ressortira, je l'espère, plus humble et donc plus crédible, si elle sait en profiter pour se poser les vraies questions et pour chercher des réponses avec l'aide de tous ses membres.

---

[26] Albert Rouet, *La chance d'un christianisme fragile*, p. 57.

* * *

Pour être crédible, l'Église ne doit pas avoir peur de l'intelligence. Rien n'est plus grave que de la mépriser. Dans ses attitudes et aussi dans la pastorale, on peut percevoir que l'Église n'est pas toujours à l'aise avec l'intelligence. De fait, il existe un courant de pensée, qui remonte de loin, selon lequel le souci de mieux comprendre et de questionner s'apparenterait à l'orgueil. La peur de l'intelligence peut avoir des conséquences graves. Simone Weil (1909-1943), philosophe juive très proche du christianisme, les a bien perçues et les a exprimées en des formules qui nous demeurent encore interpellantes.

> En fait, il y a depuis le début, ou presque, un malaise de l'intelligence dans le christianisme. Ce malaise est dû à la manière dont l'Église a conçu son pouvoir de juridiction et notamment l'usage de la formule *anathema sit*.
>
> Partout où il y a malaise de l'intelligence, il y a oppression de l'individu par le fait social, lequel tend à devenir totalitaire. Au XIIIe siècle surtout, l'Église a établi un commencement de totalitarisme. Par là elle n'est pas sans responsabilité dans les événements actuels. Les partis totalitaires se sont formés par l'effet d'un mécanisme analogue à l'usage de la formule *anathema sit*.
>
> Cette formule et l'usage qui en a été fait empêchent l'Église d'être catholique autrement que de nom[27].

Ces propos sont durs à entendre, mais ils expriment une grande part de vérité qu'on ne saurait nier, du moins un avertissement sérieux dont on aurait avantage à tenir compte.

---

27   Simone WEIL, *Lettre à un religieux*, 21e édition, Paris, Gallimard, 1951, p. 66. Selon le contexte de cet écrit, le totalitarisme se rapporte au régime nazi fortement dénoncé par l'auteure.

Dans une Église qui pose des questions, qui ne sait pas tout, qui est fragile même, les gens d'aujourd'hui seraient à l'aise, comme chez eux ou mieux, à la maison paternelle. Elle leur serait crédible et ils pourraient peut-être mieux entendre la parole qu'elle a elle-même reçue et qu'elle a la mission de faire entendre. Cette Église fragile ne sait pas toujours comment combler les attentes et les désirs de ses contemporains; elle sait au moins qu'elle peut les écouter et les accueillir. Avec eux, elle trouvera bien l'« unique nécessaire ». En acceptant sa fragilité et sa pauvreté, en se mettant toujours à la recherche de la vérité et en favorisant une « pastorale de l'intelligence », l'Église d'ici sera plus crédible.

Chapitre 6

Une Église qui hypothèque son avenir

— Beaucoup s'inquiètent de l'avenir de l'Église. Pas vous?
— Il y a beaucoup de ruines : des ruines anciennes, mais aussi des ruines modernes. Je ne m'en affole pas. Parmi les détritus, les débris et les gravats, il y a des sources et du vert pousse au milieu de ce qui est desséché. Je ne dis pas que je suis optimiste, ça n'a pas de sens. Simplement, quand on a saisi le sens de l'Évangile, on ne peut pas être étonné de ce qui se passe. L'Église ne peut revivre que si elle se laisse défaire. [...] A-t-on jamais vu un fleuve ne charrier que des eaux claires? Et, cessons de prendre le pouls et la température des hommes, par tant d'enquêtes, sondages, statistiques, pour savoir ce qu'il faut dire, faire. Comme s'il fallait coïncider avec le dehors. Nous savons bien ce qu'il faut faire : coïncider avec la Parole nue. Et lui faire confiance aussi. Car, finalement, nous ne sommes tous que des passants.

Jean Sulivan[1]

Depuis quelques années, les diocèses entreprennent des changements majeurs dans le réseau des paroisses et ils instaurent de nouvelles pratiques pastorales et liturgiques. Nous sommes témoins des changements des institutions qui, jusqu'à récemment, assuraient originalité et visibilité au catholicisme de chez nous.

---

[1] *Parole du passant*, Paris, Panorama aujourd'hui/Le Centurion, 1980, p. 19.

On ne saurait oublier que, depuis le XVIIᵉ siècle, le développement social et économique du Québec a été étroitement lié aux paroisses[2]. Occuper et coloniser un territoire, c'était fonder une paroisse; développer un nouveau quartier dans une ville, c'était dresser un nouveau clocher. De nos jours, nous vivons la transition entre une vie paroissiale, où tout se passait à l'ombre du clocher et sous l'autorité du curé proche de tous ses fidèles, et le regroupement des paroisses avec un prêtre en charge de plusieurs communautés, dans lesquelles des laïcs exercent des tâches pastorales. Ce n'est certes pas la fin de la paroisse, une institution remontant au IIIᵉ siècle qui n'est pas pour autant immuable. N'est-elle pas en train d'éclater et de prendre un nouveau visage[3]?

Ces changements coïncident avec les aménagements de la société civile qui favorise la centralisation des services et le regroupement des municipalités. Dans plusieurs villages, l'école et le bureau de poste ferment leurs portes; les petits commerces disparaissent au profit des grandes surfaces des villes avoisinantes. Ces dernières subissent aussi de grandes transformations et des déplacements de populations; elles se regroupent et elles

---

[2] Voir *La paroisse* (sous la dir. de Serge COURVILLE et de Normand SÉGUIN) [coll. *Atlas historique du Québec*], Sainte-Foy, Les Presses de l'Université Laval, 2001. Ce très bel ouvrage bien documenté retrace la genèse et l'évolution de la paroisse au Québec, des origines à nos jours.

[3] Quelques livres récents sur la paroisse sont très révélateurs. Voir *La paroisse en éclats* (sous la dir. de Gilles ROUTHIER) [coll. *Théologies pratiques*, 5], Ottawa, Novalis, 1995; Alphonse BORRAS, *Les communautés paroissiales. Droit canonique et perspectives pastorales*, Paris, Les Éditions du Cerf, 1996; PASCAL THOMAS (nom d'un groupe), *Que devient la paroisse? Mort annoncée ou nouveau visage?* (coll. Pascal Thomas – Pratiques chrétiennes, 11), Paris, Desclée de Brouwer, 1996; Paul MERCATOR (pseudonyme), *La fin des paroisses? Recompositions des communautés, aménagements des espaces*, Paris, Desclée de Brouwer, 1997; Eugène LAPOINTE, *Communautés chrétiennes. Pour une Église rassemblée et responsable*, Montréal, Médiaspaul, 2000; *Paroisses et ministère. Métamorphoses du paysage paroissial et avenir de la mission* (sous la dir. de Gilles ROUTHIER et d'Alphonse BORRAS), Montréal, Médiaspaul, 2001; *Prêtres et pasteurs*, 105/5, 2002 : *Les aménagements pastoraux. Où va-t-on?*.

accueillent de nouveaux immigrants d'autres religions. Tous ces changements au sein de la société ont des impacts sur la paroisse.

Nous vivons à l'ère des regroupements, et le phénomène apparaît inéluctable. On cherche à faire plus avec moins et à créer de grands ensembles pour mieux s'affirmer, devenir concurrentiel et, souvent, pour survivre. Il n'y a plus de place pour les petites municipalités, les petites villes, les petites écoles, les petites entreprises. La rationalisation prend partout le même chemin et se donne un même objectif : devenir toujours plus imposant. Devant la rapidité et la radicalité de ces changements, nous manquons de repères et, non sans raison, nous nous inquiétons pour l'avenir de la société, car nous perdons progressivement notre enracinement local. Quel avenir sommes-nous donc en train de préparer? Cette question, nous pouvons aussi nous la poser à propos de l'Église d'ici qui entreprend un redéploiement pastoral.

Des changements nécessaires

Les aménagements pastoraux occupent une large place dans la vie de notre Église[4]. Nous devons être réalistes et tenir compte du nombre décroissant de prêtres, de leur âge, ainsi que de la baisse accentuée des pratiquants réguliers. Plusieurs paroisses ne peuvent plus offrir les services nécessaires à toute communauté chrétienne afin d'être « l'Église en un lieu ». Il y a encore un lieu de culte, qui réunit le dimanche une assemblée de moins en moins nombreuse. La célébration de la messe dominicale avec 25 personnes dans une église de 400 places n'est, au bout d'un certain temps, ni stimulante pour le prêtre, ni tonifiante pour les participants, ni attrayante aux pratiquants occasionnels. Il n'est

---

[4] Nous parlons de « réaménagements » ou d'« aménagements » pastoraux. Plusieurs autres expressions sont employées : la « restructuration » des paroisses, leur « réforme », le « renouveau »; le « redéploiement pastoral »; la « réorganisation » des paroisses; le « remodelage » pastoral. La diversité des appellations est révélatrice des accents mis dans tous ces changements, sinon de la visée qui les inspire.

plus possible d'assurer les services et de compter sur le personnel que requièrent la vitalité des mouvements et la qualité des célébrations liturgiques. Les ressources financières s'amenuisent au point qu'on n'arrive plus à entretenir l'église qui nécessite des rénovations, encore moins à offrir une modeste rémunération au prêtre et à l'agent ou à l'agente de pastorale.

En plus de la baisse prononcée de la pratique liturgique, nous devons tenir compte de la mobilité des personnes et du déplacement des populations. Des paroisses du centre de la ville se sont dépeuplées, laissant place à des commerces et à des entreprises. Quant aux paroisses rurales des régions éloignées, elles connaissent, depuis une trentaine d'années, un exode vers les villes de leurs paroissiens en quête d'emplois; même les personnes âgées déménagent en ville pour se rapprocher de leurs enfants et pour profiter de meilleurs soins médicaux. Les nouveaux venus des paroisses rurales sont des touristes d'été ou d'hiver, ou des gens qui y établissent leur résidence secondaire. Il devient évident que nous ne sommes plus en présence des paroisses d'autrefois et que des changements s'imposent pour que la paroisse s'adapte à nos milieux en transformation. Même si l'on avait encore beaucoup de prêtres, on sait bien qu'une paroisse de 300 ou 600 habitants ne peut plus fonctionner comme hier. Plusieurs tiennent encore à la maintenir. Mais il en va un peu de la paroisse comme du commerce. Tout le monde tient à l'épicerie ou au magasin général au centre du village… à la condition de pouvoir aller faire ses courses au supermarché de la ville voisine!

Dans un village ou dans un quartier de la ville, la paroisse représente parfois une communauté chrétienne vivante, tout en étant peu nombreuse. Mais est-elle encore une paroisse? Bien des petites paroisses ne peuvent plus assurer seules la totalité de la mission qui leur revient. La vie paroissiale ne se réduit pas à la messe du dimanche. La paroisse doit pouvoir offrir tout ce qui est nécessaire pour devenir chrétien, de la naissance à la foi par le baptême jusqu'à l'entrée dans la vie éternelle lors des funérailles. Elle doit assurer plusieurs services, comme l'annonce de la Parole et l'éducation de la foi, aussi bien aux jeunes qu'aux adultes, la célébration des sacrements, le soutien et l'entraide par divers mouvements et activités appropriées, la mission auprès des distants. Dans une communauté réduite, où trouver toutes les personnes disponibles et préparées à ces tâches ? Comment réussir à rémunérer le prêtre et les agents et agentes de pastorale ? On peut donc reconnaître qu'il y a un point limite en deçà duquel une communauté chrétienne ne peut plus être une paroisse. Sans se définir uniquement par les services, la paroisse, devenue trop réduite et trop pauvre, n'arrive pas à « être l'Église en ce lieu ». C'est pourquoi il faut entreprendre des réaménagements qui ne sont pas nécessairement des replis stratégiques pour quelques années, dans l'attente de jours meilleurs, ni des signes de dégradation ou des manières de disparaître en douce.

Vers la « nouvelle paroisse »

Les aménagements paroissiaux prennent plusieurs formes. Il s'agit parfois d'un jumelage de paroisses ou encore de la fusion de deux paroisses ou plus. Cette dernière forme, nécessaire à certains endroits, implique la suppression canonique des paroisses. Les paroissiens et paroissiennes s'intègrent, avec leurs biens (!), à la paroisse voisine ou à une nouvelle paroisse qui est érigée et qui devient le lieu de la vie en Église. Parfois, les églises sont démolies ou transformées pour d'autres usages; dans certaines situations, on garde l'église pour des célébrations liturgiques, du moins pour le moment. En plusieurs endroits, on compte beaucoup trop d'églises qui doivent être entretenues à grands frais.

La forme la plus courante des aménagements consiste à créer des unités pastorales : plusieurs paroisses se regroupent et partagent des services communs; des collaborations nouvelles se développent, une équipe pastorale est mise en place; des projets de formation apparaissent. Selon le Code de droit canonique, au canon 517, la charge d'une ou de plusieurs paroisses peut être confiée à une équipe de prêtres, à une communauté de personnes, à un diacre ou à une personne laïque. Cette législation, sans précédent dans l'histoire du droit ecclésial, répond à des expériences faites en plusieurs diocèses de divers pays. Il faut noter que la présence d'un prêtre « modérateur » est toujours requise quand la paroisse est confiée à des personnes non ordonnées. Il est toutefois difficile de préciser ce que le Code entend par cette fonction.

La formation des unités paroissiales aboutira certainement à la création de « nouvelles paroisses », qui disposeront des moyens nécessaires pour édifier la communauté ecclésiale et assurer les services requis à toute vie chrétienne. Dans ces aménagements, on ne doit pas viser à créer des « mégaparoisses », mais plutôt à assurer une présence de l'Église au plus près de la vie des gens, pour ne pas alimenter des sentiments d'abandon et de frustration et pour rendre l'Église accessible et visible. C'est pourquoi il ne faut pas assimiler la fusion et la suppression des paroisses à la disparition des communautés. Il m'apparaît nécessaire que les « anciennes » paroisses deviennent des « relais paroissiaux » ou encore des « communautés locales », en ayant toujours à l'esprit que la proximité permet de rendre plus crédible le témoignage porté au Christ et à l'Évangile. Pour préparer l'avenir, il ne faut donc pas démolir trop rapidement l'église et encore moins vendre le presbytère qui, dans bien des endroits, pourra devenir dans quelques années la « maison de la communauté[5] ».

---

[5] Dans trente ou quarante ans, on regrettera la vente de plusieurs terrains, édifices et presbytères. Il est possible, et surtout plus avantageux à long terme, de les louer ou de les vendre avec un bail emphytéotique. Dans bien des endroits, on est en train de dilapider les biens d'Église hérités de nos ancêtres. Que restera-t-il à nos enfants et petits-enfants?

Pour réaliser ce remodelage paroissial, on forme des comités et on fait circuler toute une documentation avec des plans d'action, des échéanciers, des outils de formation. Que de réunions et de comités qui drainent des énergies! Chacun tient à son clocher. Même si on vit à l'ère de la mobilité qui favorise la multiplicité des contacts et des lieux de référence, on tient encore à conserver son territoire. L'image de la paroisse rurale et territoriale demeure très vivante chez beaucoup de gens et une certaine nostalgie du passé ne favorise pas un regard réaliste sur la réalité présente. Les paroissiens se rendent bien compte que des changements s'imposent, mais ils craignent de se perdre dans un grand ensemble qui apparaît anonyme. C'est pourquoi il est bon de faire vivre aux fidèles des diverses paroisses de l'unité des événements leur permettant de faire l'expérience concrète du partage et de la collaboration. Ainsi ils pourront constater qu'il est mieux de « faire ensemble » que de s'isoler dans son patelin, et qu'ils gagnent même à s'insérer dans une unité pastorale ou dans une « nouvelle paroisse ».

Pour aménager l'avenir, il ne faut pas se soucier uniquement des structures, mais bien des personnes et de leurs besoins. À ne s'en tenir qu'à la mise en place de nouvelles structures, et souvent selon le nombre de prêtres disponibles et de pratiquants réguliers, on ne résout les problèmes que pour un temps. En effet, dans dix ans, les prêtres ne seront plus assez nombreux pour les nouvelles paroisses, ni même pour être « modérateurs ». Nous ne préparons pas l'avenir en ne changeant que les meubles de place ou en vendant les moins utiles. C'est toute notre pastorale qui doit être modifiée.

Pour le moment, les prêtres, les laïcs engagés et ceux qui fréquentent l'église sont affectés par les changements inévitables qui touchent aux liens traditionnels d'appartenance à la communauté chrétienne et aussi aux manières d'exprimer la foi. C'est un bouleversement dont il est difficile de mesurer toutes les conséquences. Dans les aménagements, il convient de discerner les données qui engagent l'avenir de l'Église. Le risque serait grand de nous laisser happer par la spirale des changements sans prendre en considération les enjeux et les conséquences de nos orientations et de nos pratiques pastorales. Nous sommes tiraillés entre, d'une part, l'urgence des changements à opérer et, d'autre part, leur cohérence. Il importe de ne pas dilapider les acquis ecclésiologiques et les objectifs de la mission.

Objectifs des réaménagements

Les réaménagements pastoraux tentent de répondre à des urgences et à des besoins réels. Mais le facteur déterminant est la décroissance que connaît l'Église eu égard à ses ressources en numéraire et en personnel. L'Église ne peut plus maintenir tous les services et tous les édifices, en consonance avec une situation de chrétienté qui n'existe plus. La pénurie des ressources exige de faire des choix, mais elle ne saurait devenir l'unique levier de la mise en œuvre des réaménagements. Ceux-ci ne devraient pas viser à perpétuer à tout prix le régime paroissial que nous connaissons aujourd'hui, mais plutôt à répondre à de nouveaux besoins, en particulier à celui d'une nouvelle inculturation de la foi chrétienne dans une société sécularisée. Il ne faudrait donc pas se limiter à gérer une décroissance, même de manière habile, mais également relancer la mission et être inventifs. Nous sommes tous d'accord sur cet objectif, mais concrètement, prenons-nous les moyens pour réussir?

Dans les réaménagements, il est nécessaire de trouver une présence de l'Église au plus près de la vie des gens, pour ne pas alimenter des sentiments d'abandon, surtout de la part des paroisses petites et pauvres. Regrouper ne signifie pas supprimer. Il sera certes difficile de concilier la préoccupation de proximité et la pastorale d'un ensemble assez grand pour assumer les fonctions ecclésiales nécessaires. Les aménagements viseront la réalisation de la mission de l'Église qui est d'abord l'évangélisation. Il leur revient aussi de réunir tous ceux et celles qui acceptent l'Évangile. C'est pourquoi ils susciteront la communauté, plus précisément la communauté comprenant une diversité de communautés, de réseaux, de mouvements. La paroisse deviendra un pôle de rassemblement, un lieu d'accueil et de communion; elle s'organisera en fonction des communautés. En Amérique du Sud, une seule paroisse peut comprendre quelques centaines de communautés de base. Sans opter nécessairement pour ce modèle d'Église, le remodelage de nos paroisses pourrait peut-être y trouver au moins une piste à explorer[6]. J'ai la conviction que les « petites communautés » sont certainement une voie prometteuse de l'avenir de l'Église et qu'il est urgent de les susciter chez nous[7]. C'est l'option de Mgr Rouet :

> Si cinq personnes se présentent à moi pour former une communauté chrétienne et se répartissent les responsabilités de la façon suivante : une qui soit capable de former des chrétiens et de les aider à grandir dans la foi; une autre qui se charge d'animer la prière, une troisième de la solidarité et de la charité, une quatrième des liens fraternels, une cinquième, enfin, attentive à l'ouverture et au dynamisme missionnaire, je suis prêt à reconnaître cette communauté comme une communauté chrétienne vivante[8].

---

[6] Voir Antoine GUÉRIN, « Paroisse, réseau de communautés au Brésil », dans *La Maison-Dieu*, 229, 2002/1, p. 103-116.

[7] Sur les petites communautés, voir Pierre GOUDREAULT, *L'Église de demain dans l'œuvre de Marcel Légaut. Les communautés de foi* (coll. Perspectives de théologie pratique), Montréal, Fides, 1999. Les ouvrages de M. Légaut offrent des solutions intéressantes aux problèmes actuels de l'Église.

[8] C'est la pensée de Mgr Rouet, exprimée en d'autres mots dans son ouvrage *La chance d'un christianisme fragile,* Paris, Bayard, 2001, p. 169-170.

La mise en œuvre de la coresponsabilité est une condition de la réussite de ces changements. Prêtres et laïcs doivent consentir à mieux répartir leurs efforts, à mieux coordonner leurs initiatives, à vraiment travailler ensemble. Il devient urgent de repenser le rôle du prêtre, qui ne peut pas être simplement un homme orchestre, ni le seul responsable, ni l'animateur qui cherche à être partout, ni uniquement l'homme des sacrements. Sa fonction se rapproche de celle de l'« épiscope » dont parle Paul (*1 Timothée* 3, 1-7) : il voit à ce que tout soit fait et à ce que personne ne soit oublié. Bien des curés de nos grandes paroisses sont concrètement des « épiscopes » du IIIe et du IVe siècle. Ils exercent en pratique la responsabilité de ces évêques de jadis; auront-ils bientôt leurs pouvoirs? D'autre part, les laïcs n'ont pas à « faire le prêtre » ni à être de simples exécutants dévoués. Ils exercent d'authentiques ministères qui contribuent à édifier l'Église. Reconnaissons que le maintien d'une structure, fondée sur l'espoir d'un retour imminent des vocations presbytérales, n'a pas favorisé la spécificité des ministères exercés par les laïcs. On se limite à remplacer les prêtres de moins en moins nombreux par des laïcs, ne permettant pas à ces derniers d'imaginer de nouvelles façons de faire la pastorale et d'articuler la parole, l'action et les sacrements. De nouvelles relations entre prêtres et laïcs se mettront en place, des nouveaux modes d'exercice des ministères surgiront, à la condition de vouloir ensemble témoigner de l'Évangile, mais diversement. L'avenir de l'Église est à ce prix.

Nous savons tous d'expérience que la pression des faits n'est pas toujours « bonne conseillère ». La tentation est grande, quand nous voulons parer au plus pressé, de nous laisser prendre par les problèmes de fonctionnement et d'efficacité des structures actuelles. Nous sommes facilement tentés de « jouer aux pompiers », d'« éteindre les feux », de parer aux urgences. Pressée par les besoins nouveaux, gênée par la pénurie de personnel, enracinée profondément dans une tradition cléricale, l'Église a du mal à rester sereine et à prendre des décisions qui respectent toujours sa mission. Elle cherche instinctivement à maintenir l'héritage qu'elle a reçu, tout en étant consciente qu'elle doit créer des structures nouvelles pour assurer le service de l'Évangile aujourd'hui. D'où l'importance et la nécessité de la réflexion théologique sur les orientations pastorales et les pratiques ministérielles qui s'exercent actuellement[9]. Nous ne percevons pas toujours clairement la théologie qui sous-tend les pratiques courantes, et nous n'avons pas toujours un regard critique sur la théologie impliquée dans les solutions promues. Personne n'est assez naïf pour demander à la théologie des réponses toutes faites aux questions concrètes et inédites que soulèvent les pratiques ministérielles récentes. Il ne conviendrait pas de recourir à elle pour encourager une restauration ou encore pour favoriser un *statu quo* et entretenir la méfiance à l'égard de la nouveauté. Nous ne pouvons pas cependant mettre en œuvre des pratiques ministérielles, même si elles sont en accord avec le Code de droit canonique, sans réfléchir théologiquement sur elles. C'est pourquoi il ne faut pas craindre de nous poser des questions qui nous permettent de mieux apprécier nos pratiques pastorales.

En voici quelques-unes. Quelle Église sommes-nous en train d'édifier par nos aménagements pastoraux? Nos pratiques répondent-elles à des objectifs missionnaires ou visent-elles à l'entretien ou tout simplement à la gérance de la décroissance des communautés chrétiennes? La fidélité étroite à une tradition, que l'on prend parfois pour la grande Tradition, ne nous empêche-t-elle pas d'accepter de nouvelles manières de faire qui répondraient mieux aux besoins d'aujourd'hui? Nos orientations et nos pratiques pastorales sont-elles commandées par un instinct de survie ou par le souci de partager la Bonne Nouvelle? Sommes-

---

[9] Le Comité des ministères de l'Assemblée des évêques du Québec présente une réflexion très éclairante sur la pratique actuelle des ministères dans un document intitulé *Communautés et ministères au Québec : situation, questions, défis*, Montréal, Fides, 1993.

nous en train, pour assurer le maintien des structures, de récupérer le meilleur des énergies des laïcs en les enfermant dans le sanctuaire et en ne les encourageant plus à s'insérer dans les réalités du monde? Sommes-nous davantage préoccupés par le pouvoir et la répartition des tâches que par l'évangélisation? Sommes-nous en train de mettre en œuvre des aménagements qui dépendent encore trop uniquement du nombre de prêtres disponibles et qu'il faudra en conséquence reprendre à neuf dans cinq ou dix ans, quand il y aura encore moins de prêtres? Par ces questions, je ne mets pas nécessairement un frein aux réaménagements, mais je cherche tout simplement à susciter des prises de conscience qui permettront d'éviter des dérapages désastreux.

Regard théologique sur nos pratiques ministérielles

La théologie, plus précisément l'ecclésiologie promue par Vatican II, est mise à l'épreuve par certaines de nos pratiques ministérielles. Nous constatons que l'Église n'a plus concrètement la pastorale de son ecclésiologie. En effet, elle tolère, et parfois encourage, sous la pression des besoins, des pratiques qui suscitent des tensions et impliquent des « distorsions[10] » remettant en question des aspects de sa nature et de sa mission. Nous vivons une période de remise en question et d'ébranlement de nos institutions qui nous rendent inquiets et parfois pessimistes sur l'avenir de nos communautés chrétiennes. Mais dans ce qui semble parfois un effondrement, certains voient un vaste chantier où sont en train de naître et de prendre forme de nouvelles façons de

---

10   J'emprunte l'expression « distorsion » à Bernard SESBOÜÉ, qui nous interpelle dans cette présente recherche : « Les animateurs pastoraux laïcs. Une prospective théologique », dans *Études*, septembre 1992, p. 253-265. Du même auteur, il faut lire *N'ayez pas peur. Regards sur l'Église et les ministères aujourd'hui* (coll. *Pascal Thomas – Pratiques chrétiennes*, n° 12), Paris, Desclée de Brouwer, 1996; *Rome et les Laïcs. Une nouvelle pièce au débat : L'Instruction romaine du 15 août 1997*, Paris, Desclée de Brouwer, 1998.

« faire-Église » dans le monde d'aujourd'hui[11]. Toutefois, ces nouvelles pratiques ministérielles cachent souvent des enjeux que les évêques et les responsables n'osent pas exprimer clairement.

Pour mieux en saisir les implications théologiques, je présenterai ici quelques réalisations en identifiant les questions qu'elles suscitent et, surtout, en laissant entrevoir leurs conséquences pour l'Église de demain.

Le dimanche sans célébration eucharistique

En l'absence de prêtre résidant ou susceptible de venir chaque semaine, des catholiques se réunissent le dimanche pour une célébration de la Parole, souvent suivie de la distribution de la communion. Il s'agit de l'ADACE, l'assemblée dominicale en attente de célébration eucharistique. Cette appellation est négative : le prêtre n'est pas là, mais les gens se rassemblent en présence du Christ ressuscité. Il est beau de voir une communauté se prendre en main, tenir à se rassembler le dimanche pour écouter la Parole de Dieu et pour louer le Seigneur. Les chrétiens et les chrétiennes se rassemblent ainsi le dimanche non seulement pour prier, mais pour « faire Église ». Cette pratique, maintenant encouragée et institutionnalisée[12], permet aux communautés de se prendre en charge et stimule les laïcs à devenir responsables, même en l'absence du prêtre. Les fidèles ont ainsi l'occasion de redécouvrir, souvent pour la première fois, la signification de l'assemblée dominicale réunie autour de la Parole de Dieu où le Christ se rend réellement présent. On n'insistera jamais assez sur la présence réelle du Christ ressuscité dans la Parole proclamée et

---

[11] L'ouvrage de Jean RIGAL, *L'Église en chantier* (Paris, Cerf, 1994), donne des repères pour inscrire les ministères et les services nouveaux dans le contexte ecclésial d'aujourd'hui. Il ouvre des pistes pour favoriser une dynamique de participation dans l'Église et pour élaborer de nouveaux projets pastoraux.

[12] Voir le document de la Congrégation pour le Culte divin, *Directoire pour les célébrations dominicales en l'absence de prêtre*, Paris, Cerf, 1988.

accueillie dans la foi et dans l'assemblée. Une présence aussi intense que celle offerte par le pain et le vin eucharistiés, mais différente : « Il est là présent dans sa parole, car c'est lui qui parle tandis qu'on lit dans l'Église les Saintes Écritures[13]. »

Cette pratique, qui comporte plusieurs aspects positifs, n'est pas sans ambiguïtés. Il faut bien admettre qu'il est pour le moins paradoxal de penser que l'Église, qui a toujours privilégié la célébration eucharistique depuis ses origines et maintient l'obligation d'y participer le dimanche, en arrive à ne plus pouvoir offrir l'eucharistie dominicale à ses communautés. Cette pratique des ADACE nous fait dévier de la grande tradition catholique qui a toujours tenu à célébrer le Jour du Seigneur en faisant mémoire du mystère pascal. Il est donc urgent que nous reprenions davantage conscience qu'en perdant l'héritage du dimanche, nous nous appauvrissons[14]. Dans un sens, les ADACE sont une anomalie, même si des exceptions sont possibles. De plus, certains fidèles risquent de ne plus faire la différence entre une ADACE et l'eucharistie, surtout s'ils peuvent recevoir la communion. Le père Congar parlait déjà du danger d'une certaine « protestantisation » de la conception que l'on se fait de l'Église elle-même par la pratique habituelle et fréquente de ces assemblées; on peut en effet en venir à ne privilégier que la Parole au détriment de l'eucharistie. Il est intéressant de noter que plusieurs Églises protestantes redécouvrent actuellement l'importance du sacrement de la Sainte Cène qu'ils célèbrent plus souvent qu'autrefois. De plus, il n'est pas sain de séparer la communion de l'action eucharistique. On revient ainsi à la situation, antérieure à Vatican II,

---

[13] *Constitution sur la sainte Liturgie*, 7.

[14] Alphonse BORRAS, « Communautés paroissiales et assemblées dominicales. De la pratique prophétique du dimanche en paroisse », dans *Esprit et Vie,* n° 15, 2000, p. 3-13; ID., « Assemblées dominicales et catholicité de l'Église », dans *La Maison-Dieu,* 229, 2002, p. 7-42; Gaëtan BAILLARGEON, « Dimanche, assemblées et eucharistie au Canada, plus spécialement au Québec », dans *La Maison-Dieu,* 229, 2002, p. 81-101.

de la distribution de la communion en dehors de la messe. On arrive facilement à se passer de prêtre et à admettre la dissociation entre l'action eucharistique et la communion en faisant un usage abusif de la réserve eucharistique[15].

Mgr Weakland a lui aussi manifesté ses réserves sur la pratique régulière des ADACE. Selon l'archevêque de Milwaukee, ces rassemblements du dimanche ne favorisent pas le maintien de notre héritage catholique et de notre identité.

Une telle solution n'est pas de tradition dans l'Église catholique. Dans l'Église primitive, la distribution de la communion en dehors de la messe était limitée au viatique ou au cas de graves maladies. Je serais hésitant à autoriser sur une base régulière la distribution de la communion à la place de l'Eucharistie dans sa plénitude. Si cela devait durer de nombreuses années — même durant une génération — je ne vois pas comment l'identité catholique pourrait se maintenir. Nous deviendrons une espèce différente d'Église qui ne serait plus fondée sur le rassemblement autour du Sacrifice eucharistique[16].

Même si le rassemblement des chrétiens le dimanche en l'absence de prêtre est une initiative nécessaire et même heureuse, il importe de réfléchir sur ses modalités et d'en discerner les conséquences sur l'identité catholique de l'Église, le rôle du prêtre et la signification de l'eucharistie. L'avenir de l'Église est en jeu. Dans le contexte de la pénurie de prêtres, l'Église d'ici n'est-elle pas en train d'accepter de se passer trop facilement de la célébration

---

15   On serait moins à l'aise avec la communion en dehors de la messe si l'on n'avait pas la mauvaise habitude d'utiliser trop facilement la réserve eucharistique pour la communion lors des célébrations de l'eucharistie, malgré les nombreux documents officiels qui condamnent cette pratique.

16   Rembert WEAKLAND, « La création de nouvelles paroisses et le manque de prêtres », dans *La documentation catholique*, n° 2026, 1991, p. 400.

eucharistique le dimanche et même du prêtre comme pasteur? Toute l'image de la communauté paroissiale risque de changer dans les mentalités, car le rôle du ministère ordonné symbolisant l'initiative du Christ pour son Église n'est plus vécu. Il ne faut pas assurer, coûte que coûte, une messe dominicale là où il y a un clocher, mais là où il y a une communauté chrétienne assez nombreuse et motivée pour célébrer le repas du Seigneur.

Au regard de la grande tradition, les ADACE ne peuvent représenter qu'une situation d'exception. Dans cinq ou dix ans, avec la pénurie de prêtres qui s'accentue, cette pratique sera-t-elle encore une exception ou une situation devenue régulière? Une communauté chrétienne qui ne célèbre pas l'eucharistie le Jour du Seigneur prend ses distances de la tradition catholique. Une distorsion apparaît donc entre ce qu'elle vit concrètement et ce qu'elle doit être normalement comme communauté, rassemblée autour du prêtre qui célèbre l'eucharistie, l'expression sacramentelle de l'initiative du Christ pour son Église. C'est la réalité de l'Église, la communauté chrétienne ici, qui risque de se transformer au point de perdre son identité catholique. Voulons-nous d'une telle Église pour demain?

Le ministère de la parole dissocié du ministère des sacrements

Vatican II a valorisé le ministère de la parole dans l'Église. Il devient même le premier ministère de l'évêque et du prêtre, un ministère qui se situe dans la foulée de l'envoi des Apôtres en mission. Le Concile a pris une position très nette : « Parmi les charges principales des évêques, la prédication de l'Évangile est la première[17]. » Pour les prêtres, le Concile reprend la même idée : « Les prêtres, comme coopérateurs des évêques, ont pour première fonction l'annonce de l'Évangile de Dieu à tous les hommes[18]. »

---

[17] *Lumen gentium*, 25.

[18] *Presbyterorum ordinis*, 4.

De plus, Vatican II a souligné les liens étroits entre les trois fonctions : parole, sacrement, gouvernement de la communauté. Or nous constatons aujourd'hui que l'Église n'a pas trop de difficulté à déléguer des laïcs dans l'exercice du ministère de la parole, à l'exception de l'homélie (canon 767, 1). Ceux-ci assurent la catéchèse, l'enseignement de la théologie, la prédication.

Cette pratique montre que les laïcs ont leur place dans la mission de l'Église qui consiste d'abord à faire de tous les humains des disciples par l'annonce de l'Évangile. Toutefois, le ministère de la parole confié aux laïcs a plusieurs implications sur l'exercice du ministère presbytéral : les prêtres, de moins en moins nombreux, n'interviennent que pour le ministère des sacrements, c'est-à-dire pour le culte séparé de la parole et de la vie de la communauté. Cette pratique réduit le ministère du prêtre à faire ce que le laïc ne peut pas faire. Comment alors fonder une existence presbytérale sans l'annonce de l'Évangile et sans le souci de faire connaître Jésus le Christ ? Le ministère de la parole, dissocié de celui de l'eucharistie, fait resurgir le prêtre « altariste », c'est-à-dire le prêtre ordonné uniquement pour l'eucharistie. Cette pratique était courante à la fin du Moyen Âge et avant le concile de Trente. Dans une paroisse, on pouvait compter des dizaines de prêtres, qui souvent savaient à peine lire, ordonnés seulement pour « dire » la messe pour les défunts. Déjà, le concile de Chalcédoine (451), au canon 6, s'était nettement opposé à toute forme d'« ordination absolue », une ordination qui ne serait pas liée à une communauté concrète, en la déclarant invalide. De nos jours, on oublie cette prescription attestant une saine ecclésiologie et on ordonne même des évêques pour remplir des fonctions exclusivement administratives. Les ministères presbytéral et épiscopal détachés des ministères de la parole ne sont pas à la longue une voie d'avenir pour l'Église.

Le droit des fidèles aux sacrements et à l'eucharistie et la possibilité d'y participer

Le Code de droit canonique consacre plusieurs canons, non seulement aux obligations et devoirs des fidèles, mais aussi à leurs droits. Le canon 213 mentionne les droits fondamentaux : « Les fidèles ont le droit de recevoir des Pasteurs sacrés l'aide provenant des biens spirituels de l'Église, surtout de la parole de Dieu et des sacrements. » Les fidèles ont l'obligation de participer à la messe du dimanche et les autres jours de fête (canon 1247). Selon le *Catéchisme de l'Église catholique*, « l'eucharistie du dimanche fonde et sanctionne toute la pratique chrétienne » (n° 2180) et la participation à la célébration commune de l'eucharistie est « un témoignage d'appartenance et de fidélité au Christ et à son Église ». Ce devoir est si important que ceux qui y manquent commettent un péché grave (n° 2181). Or si l'autorité de l'Église affirme hautement le devoir des fidèles de participer à l'eucharistie dominicale, ne doit-elle pas reconnaître leur droit correspondant à pouvoir y participer? On ne peut concevoir une communauté chrétienne sans la célébration de l'eucharistie, car il y a un lien essentiel entre l'Église locale et l'eucharistie.

À notre époque, si l'eucharistie devient rare dans certaines communautés, c'est qu'il manque quelqu'un pour la présider. La situation ne se présentait pas ainsi dans l'Église ancienne, du moins au cours des IIIe et IVe siècles, car on donnait vraisemblablement un président ordonné à toute communauté chrétienne stable comprenant au moins 17 chrétiens[19]. Ainsi, on ne manquait jamais de prêtres.

Il faudrait aussi mentionner le droit des fidèles à pouvoir célébrer le sacrement du pardon. On déplore la baisse de la

---

[19] Voir Hervé-Marie LEGRAND, « La présidence de l'eucharistie selon la tradition ancienne », dans *Spiritus*, n° 69, 1977, p. 408. Pour le nombre, 17 chrétiens, voir : GRÉGOIRE DE NYSSE, *De vita S. Gregorii Thaumaturgi*, dans P.G. 46, 909.

pratique de ce sacrement, mais on oublie la difficulté, et souvent l'impossibilité, des fidèles à rencontrer un prêtre disponible. On pourrait aussi ajouter une célébration qui, sans être sacramentelle, est importante pour les fidèles : les funérailles. Même si les diverses étapes des funérailles et l'accompagnement des familles endeuillées sont des responsabilités qui touchent l'ensemble de la communauté et qui peuvent être confiées à des laïcs, comme on le fait dans plusieurs pays, il reste que la majorité des familles en deuil de nos milieux s'attendent encore à rencontrer le prêtre responsable de la paroisse[20]. Dans certains endroits, surtout durant les vacances, les gens non seulement ne peuvent plus rencontrer le prêtre à l'occasion d'un deuil, mais ils ont peine à trouver un prêtre pour les funérailles, même s'ils sont des pratiquants réguliers. Certains suggèrent de regrouper les funérailles et les mariages, un peu comme pour les baptêmes communautaires. Cette pratique, qui comporte des avantages et qui souligne la dimension communautaire de ces célébrations, fait perdre des occasions propices aux rencontres plus personnelles et risque de favoriser une conception équivoque de l'Église identifiée à une entreprise de services religieux.

Par pénurie de prêtres, des laïcs président la célébration du baptême, en accord avec le Code de droit canonique (canons 230, 3 ; 861, 2). Cette pratique, qui n'est pas conforme à la tradition de l'Église, n'aide pas la communauté à saisir l'importance du baptême, le sacrement par lequel l'Église engendre de nouveaux membres et qui assure l'identité chrétienne[21]. La fonction de baptiser revient à l'évêque et à ses prêtres qui, à titre de premiers responsables de la communauté, président à l'édification de l'Église. Si le Code prévoit que des laïcs peuvent célébrer le

---

[20] Voir Jean-Louis ANGUÉ, « La présidence des funérailles par des laïcs », dans *La Maison-Dieu*, 182, 1990, p. 47-64.

[21] Voir l'étude sérieuse de Bernadette BRETON, « Les ministres extraordinaires du baptême. L'expérience du diocèse de Saint-Jean-Longueuil (Québec) », dans *La Maison-Dieu*, 183/184, 1990, p. 151-169.

baptême dans certaines circonstances, c'est qu'il s'appuie très probablement sur une théologie qui liait le salut individuel à la réception de ce sacrement. Cette théologie est à nuancer, et même à corriger. De plus, si on permet à des laïcs, à titre de ministres extraordinaires, de présider de façon habituelle le baptême, le sacrement de la conversion et de l'incorporation au Christ dans son mystère pascal, pourquoi ne leur confie-t-on pas la présidence de la réconciliation, le sacrement du « second baptême »? Si des laïcs mandatés peuvent baptiser à l'occasion par manque de prêtres disponibles, pourquoi ne pourraient-ils pas être mandatés à présider l'eucharistie pour les mêmes raisons?

Le baptême, présidé par un laïc mandaté, est une pratique qui, à la longue, fait perdre la signification du baptême, sacrement d'ecclésialité première. Il ne s'agit pas d'abord d'une question de pouvoir, mais de signification des ministères dans l'Église. Il est éclairant de savoir que les Églises réformées, qui acceptent dans des situations d'urgence une délégation pastorale aux laïcs pour la célébration de la Sainte Cène, le font très rarement pour le baptême[22]. J'ai eu l'occasion de constater que des protestants étaient vraiment étonnés de voir des laïcs comme ministres habituels du baptême.

Si l'Église n'a plus de ministres ordonnés aptes et disponibles pour présider les sacrements, et spécialement l'eucharistie dominicale, nous pouvons affirmer qu'il y a une tension, et même une inconséquence, entre sa doctrine officielle et les possibilités concrètes des fidèles de pouvoir suivre cet enseignement. Nos pratiques pastorales et liturgiques sont en train de modifier et de dévaloriser la signification des sacrements.

---

22 Gaston WESTPHAL, « Rôle et limite de la délégation pastorale aux laïcs pour la célébration de l'Eucharistie dans les Églises protestantes de la Réforme », dans *L'Assemblée liturgique et les différents rôles dans l'assemblée* (Bibliotheca « Ephemerides liturgicæ », 9), Rome, Edizioni liturgiche, 1977, p. 333-349.

Des laïcs participent à l'exercice du ministère de présidence de la communauté

Renonçant à fusionner des paroisses, constatant qu'on ne peut pas donner à un prêtre plus que deux ou trois paroisses, on préfère depuis quelques années confier la responsabilité d'une paroisse à une personne laïque ou à une équipe mandatée. Comme nous l'avons mentionné précédemment, le Code de droit canonique, au canon 517, 2, prévoit le cas où l'évêque, en raison de la pénurie de prêtres, confie à un diacre, à une personne non ordonnée ou encore à une communauté de personnes « une participation à l'exercice de la charge pastorale d'une paroisse ».

Nous pouvons prévoir que ce canon d'exception s'appliquera de plus en plus, au moins dans les petites communautés. La charge pastorale est vraiment confiée à une personne non ordonnée, même si un prêtre agit à titre de « modérateur ». Concrètement, des laïcs ont l'entière responsabilité de l'animation de la paroisse. Ils président des liturgies de la Parole, peuvent baptiser, ils s'occupent de la préparation aux sacrements et prennent en charge l'administration. Concrètement, ils sont « pasteurs ».

Cette pratique ministérielle montre que des laïcs peuvent avoir de réelles responsabilités dans l'Église. Mais il faut également reconnaître qu'elle entraîne un hiatus entre l'animation de la communauté et la vie sacramentelle, surtout la célébration de l'eucharistie et de la réconciliation. Le prêtre risque de devenir étranger à la vie de la communauté. Il est l'homme du pouvoir sacré, l'homme de l'eucharistie, le « commis voyageur du rite », mais il n'est plus le pasteur. La communauté apprend à vivre sans lui. Le prêtre se voit dépossédé de ce qui constitue son identité, c'est-à-dire l'exercice de la présidence de la communauté[23]. Il n'exerce qu'à l'occasion une présidence sacramentelle.

---

23 Henri DENIS, « Le ministère comme présidence », dans *Le ministère et les ministères selon le Nouveau Testament*, Paris, Éditions du Seuil, 1974, p. 491-495; Rémi PARENT, *Prêtres et Évêques. Le service de la présidence ecclésiale*, Montréal/Paris, Éditions Paulines/Éditions du Cerf, 1992.

Nous savons que la situation était tout à fait différente dans l'Église prénicéenne, c'est-à-dire avant le IVe siècle. Hervé-Marie Legrand a montré de manière convaincante que, dans l'Église primitive, évêques et prêtres « présidaient l'eucharistie parce qu'ils présidaient à la communauté chrétienne[24] ». Ainsi, dans l'Église ancienne, on n'était pas d'abord ordonné au sacerdoce pour recevoir ensuite une charge pastorale; mais parce qu'on recevait une charge pastorale, on présidait à l'ensemble de la vie de l'Église dont on avait la charge. Thomas d'Aquin maintient ce lien, mais il le fait fonctionner en sens inverse : celui qui a le pouvoir sur le corps eucharistique du Christ a aussi le pouvoir sur son corps mystique. L'eucharistie apparaît donc comme le sacrement de l'Église par excellence. Dans la célébration se symbolise, à travers la relation entre ministre et communauté, la relation de l'Église au Christ qui la convoque, la rassemble et la nourrit.

Puisque des laïcs exercent des fonctions de direction, de rassemblement et de coordination qui les font collaborer étroitement au ministère de présidence de la communauté, pouvons-nous affirmer qu'ils participent à la présidence pastorale qui est propre au ministère épiscopal et presbytéral? La présidence pastorale, qui comprend la présidence sacramentelle, notamment celle de l'eucharistie, définit le ministère épiscopal et presbytéral, et ainsi elle ne se partage pas. Dans ce qui le constitue en propre, le ministère presbytéral ne peut avoir de « suppléance », et c'est pourquoi on ne peut remédier au manque de prêtres que par l'ordination de prêtres. Mais le président peut déléguer des fonctions et, conformément au Code de droit canonique, des agentes et des agents de pastorale peuvent être appelés à participer et à coopérer à l'exercice de la charge pastorale confiée

---

[24] Hervé-Marie LEGRAND, « La présidence de l'eucharistie selon la tradition ancienne », dans *Spiritus*, n° 69, 1977, p. 409-431. Les numéros 69 et 70 de *Spiritus* sont consacrés à la présidence de l'eucharistie.

normalement au ministère de la présidence[25]. Mais la participation à l'exercice de la charge pastorale que le canon 517, 2 permet d'attribuer à certains laïcs ne doit pas être comprise comme une participation d'ensemble. Il s'agit en effet simplement d'une coopération, comme le précise le canon 129, 2, puisque la « pleine charge d'âmes » ne peut jamais leur être confiée, selon le canon 150. Cette législation canonique est très significative, car si on donnait aux laïcs l'ensemble du champ pastoral comme responsabilité, à supposer que cela fût possible, le ministre laïc ne pourrait jamais exercer sa responsabilité qu'en référence explicite et immédiate au prêtre. D'où le danger de frustration chez le laïc, qui accomplit concrètement la même charge que le prêtre. Les ministères baptismaux doivent donc être développés comme des ministères spécialisés dans le champ de la responsabilité qui leur revient comme laïcs, et non comme ministère d'ensemble ou de présidence[26].

Des laïcs collaborent aujourd'hui à l'exercice de la charge pastorale, confiée normalement aux prêtres, en étant responsables d'une communauté. Il appartient cependant au prêtre modérateur de signifier sacramentellement l'initiative du Christ pour son Église. À la longue, une certaine tension peut surgir entre le laïc, qui exerce une présidence concrète et globale dans la vie de la communauté, et le prêtre modérateur qui n'exerce qu'une présidence sacramentelle de façon occasionnelle. Puisque des laïcs accomplissent de fait le ministère de présidence ou une tâche pastorale globale, on pourrait imaginer qu'ils seront les prêtres de demain et envisager la possibilité de leur ordination au ministère presbytéral. S'ils sont aptes à présider à la construction

---

[25] C'est la position prise par le Comité des ministères de l'Assemblée des évêques du Québec. Voir « La présidence des communautés dans la situation présente des ministères ecclésiaux », dans *Les nouvelles pratiques ministérielles*, Montréal, Fides, 1993, p. 135-159.

[26] Voir Hervé LEGRAND, « La réalisation de l'Église en un lieu », dans *Initiation à la pratique de la théologie*, t. III, Paris, Cerf, 1983, p. 230.

de leur communauté, ils sont également aptes à recevoir l'ordination qui les habilite à présider l'eucharistie. Pour le moment, il est important de reconnaître la signification des ministères que les laïcs exercent en vue de la construction du Corps du Christ, pour autant qu'ils agissent en coresponsabilité avec l'évêque et ses prêtres. La coopération des laïcs à l'exercice de la charge pastorale constitue l'un des éléments dynamiques du renouveau ecclésial qui nous oriente vers une organisation différente des ministères, sans contredire celle de l'Église primitive.

À qui imposer les mains?

Il est nécessaire de situer les aménagements pastoraux dans l'ensemble de la pastorale. Depuis quelques années, la plupart des diocèses ont redéployé leurs effectifs en orientant tous les prêtres disponibles vers les paroisses pour les maintenir en état de fonctionner. Le souci d'un évêque, de nos jours, est de trouver des prêtres pour ses paroisses. On observe certes un repli sur la paroisse et on investit peu dans d'autres activités et services nécessaires à l'évangélisation. Trop soucieux de maintenir les paroisses existantes et le régime paroissial, nous manquons de lucidité et d'audace pour mettre en œuvre des initiatives requises pour la mission aujourd'hui.

L'engagement et la coopération des laïcs à l'exercice de la charge pastorale contribuent à modifier les traits du visage de l'Église. La pénurie de prêtres a certainement été le déclencheur de cette nouvelle pratique qui est cependant conforme, sous plusieurs aspects, à l'ecclésiologie de Vatican II et à la théologie renouvelée des ministères. Les fonctions exercées par les laïcs et les nouveaux ministères se sont coulés trop souvent dans le modèle ancien du ministère presbytéral exercé dans un cadre paroissial, alors que les défis de la mission nous appellent à beaucoup plus. On ne doit pas, en outre, passer sous silence les questions théologiques suscitées par les nouvelles pratiques ministérielles dans les diverses Églises locales qui prennent leurs responsabilités dans le cadre d'une ecclésiologie de communion. L'avenir des ministères ordonnés et des ministères exercés par les laïcs serait plus prometteur si les Églises locales reprenaient un rôle plus actif dans l'appel de leurs ministres et aussi dans la détermination de leur statut. Le modèle « universel » du ministère presbytéral traverse une crise sérieuse depuis quelques décennies et il ne semble plus répondre adéquatement aux besoins et aux attentes des chrétiens et des chrétiennes.

L'éclairage de l'histoire

Pour mieux comprendre la situation actuelle, l'histoire peut nous éclairer. L'Église a-t-elle déjà connu des situations semblables à la nôtre? L'Église ancienne a connu une époque où les événements ont modifié l'organisation des ministères. Après l'édit de Milan de 313 et la reconnaissance de l'Église comme religion d'État par Théodose en 385, le nombre de baptisés augmenta considérablement. Jusqu'à cette époque, la communauté chrétienne, qui était très peu nombreuse dans une ville ou une région, se rassemblait autour de l'évêque qui présidait l'eucharistie et les autres sacrements, lui-même entouré des presbytres qui concélébraient avec lui et aidé de diacres et d'autres ministres. Or au Ve siècle, il n'était plus possible de rassembler tous les chrétiens en un seul lieu et dans une unique célébration. Au lieu de multiplier les évêques, on demanda aux presbytres de prendre en charge les communautés chrétiennes. Ils devinrent ainsi des « sacerdotes » (des prêtres) de second rang ou de second ordre, le terme « sacerdos » étant jusque-là généralement réservé à l'évêque[27]. La solution a donc consisté à répartir des fonctions entre évêques et prêtres et à élargir la compétence des presbytres

---

27 Pierre-Marie Gy, « Remarques sur le vocabulaire antique du sacerdoce chrétien », dans *Études sur le sacrement de l'ordre* (coll. *Lex orandi*, 22), Paris, Cerf, 1957, p. 125-145.

pour répondre aux besoins d'une situation nouvelle. Cette innovation a marqué l'Église jusqu'à aujourd'hui.

Il est éclairant de noter que l'Église ancienne n'a jamais connu de « crise de vocations ». En effet, quand elle avait besoin d'un ministre, elle l'appelait et il était ordonné, même si celui-ci ne le souhaitait pas ou n'y avait pas encore songé. Une Église locale pourvoyait elle-même à sa présidence, avec le concours indispensable des évêques des Églises voisines. Ainsi, on ne manquait jamais de président pour l'eucharistie. Puisque l'Église d'ici a besoin de ministres ordonnés, elle doit appeler au presbytérat et au diaconat et se donner les conditions d'ordonner ceux et celles dont elle a besoin. Elle doit aussi passer d'une pratique de la candidature aux ministères, même du presbytérat, à celle de l'appel. La théologie de la vocation est à revoir, comme nous l'avons déjà reconnu précédemment. Nous insistons trop sur la vocation comme appel ressenti à l'intérieur de soi, et nous ne tenons pas suffisamment compte des besoins de la communauté et du discernement des personnes aptes à remplir des fonctions. L'ordination ne saurait donc être conçue comme la récompense sanctionnant la vertu d'un candidat, la reconnaissance de son « appel » intérieur : elle est plutôt l'expression d'une réponse à l'appel de la communauté soucieuse de vivre pleinement son christianisme et décidée à choisir les moyens les plus appropriés pour le réaliser.

Mgr Weakland fait remarquer que nous ne sommes pas la seule Église à être confrontée au problème de la pénurie des prêtres. Il rapporte, dans sa lettre pastorale du 7 janvier 1991, comment l'Église orthodoxe résout présentement le problème :

> L'Église orthodoxe russe est en train de récupérer des milliers d'églises fermées il y a 40 ans. L'évêque, habituellement, rassemble le peuple, annonce que l'église sera réouverte et choisit dans le peuple l'un des plus anciens hommes mariés qui deviendra le curé. Une

formation convenable lui est alors donnée selon les possibilités qui sont celles de l'Église. Cette façon de faire a une certaine correspondance avec ce qui se passait dans l'Église primitive[28].

Une nouvelle figure du prêtre

Au regard de la Tradition, la pratique actuelle, où des actions sacramentelles sont présidées par des laïcs, est certes une innovation qui pose question sur la ministérialité qui appartient à la réalité du sacrement. Dans la tradition catholique, on a toujours compris que seul un baptisé ordonné manifeste dans la célébration sacramentelle que l'acteur principal est le Christ agissant par l'Esprit. L'habilitation au ministère sacramentel ne s'est jamais faite par une nomination, une délégation ou un mandat, mais par une ordination mettant en relief que la source de l'activité pastorale des ministres est bien l'Esprit, qui édifie le Corps du Christ, à la louange de Dieu le Père. En confiant à des laïcs un ministère de type sacramentel dans une situation d'urgence, même si on s'empresse de préciser qu'il s'agit de suppléance, sommes-nous en train de porter atteinte à la sacramentalité dans l'Église et de réduire celle-ci à une organisation qu'il suffit de faire fonctionner? Il est éclairant de relire le passage suivant d'un document publié sous la responsabilité de l'Assemblée des évêques du Québec.

> Une certaine conception du ministère presbytéral, centré sur les tâches, aussi bien que la multiplication des services et des fonctions confiés à des laïcs, ont fortement contribué à réduire le ministère, sinon toute la vie de l'Église, à une pure fonctionnalité. C'est une tendance de la culture technocratique de tout envisager en termes d'utilité,

---

28   Rembert WEAKLAND, « La création de nouvelles paroisses et le manque de prêtres », dans *La documentation catholique*, n° 2026, 1991, p. 400.

d'efficacité et d'activité. Cette conception fonctionnelle de l'Église a contribué à affaiblir la compréhension sacramentelle, en mettant en évidence le fait que les activités pastorales peuvent être aussi accomplies par des laïcs, avec autant de générosité et une compétence équivalente[29].

La pratique actuelle des ministères nous met en présence d'un nouveau type de ministre, distinct du prêtre et du diacre, et ainsi se mettent en place deux corps ministériels séparés et parfois concurrents. On cherche alors à bien répartir les tâches, risquant de laisser dans l'ombre le sens de la sacramentalité de l'Église[30].

L'Église, du moins en Occident, vit des changements qui touchent à sa structure même. Nous sommes au début d'un processus dont il est téméraire de prévoir l'aboutissement. Si des laïcs continuent de prendre en charge l'animation des communautés et si la pénurie de prêtres s'accentue, l'Église sera dans un avenir très proche devant un dilemme ressemblant à celui de Pierre lors de la venue de l'Esprit sur les païens : « Quelqu'un pourrait-il empêcher de baptiser par l'eau ces gens qui, tout comme nous, ont reçu l'Esprit Saint? » (*Actes* 10, 43). Dans quelques années, des communautés, animées par des laïcs qui participent à l'exercice de la charge pastorale, demanderont à leur évêque d'imposer les mains sur celui ou celle qui exerce des ministères avec la fécondité de l'Esprit. Et l'évêque, je l'espère, réagira à la façon de Pierre, celui sur qui Jésus a fondé son Église. Mais l'Église d'ici aura-t-elle l'audace de l'Église apostolique? Préférera-t-elle devenir minoritaire ou même mourir tout en prétextant sa fidélité? C'est le message qu'elle laisse entendre.

---

[29] Comité des ministères de l'Assemblée des évêques du Québec, *Communautés et ministères au Québec : situation, questions, défis*, Montréal, Fides, 1993, p. 23.

[30] C'est pour répondre à cette difficulté que le Comité des ministères de l'AÉQ a préparé le document intitulé *Au service de la mission : des ministères variés et solidaires*, Montréal, Fides, 1999.

* * *

La vision d'avenir des ministères présentée ici se situe dans les perspectives de la théologie et de la pratique de la tradition catholique, tenant à l'expression sacramentelle de la vie chrétienne qui trouve sa pleine réalisation dans l'eucharistie présidée par le prêtre. On pourrait toutefois imaginer un autre type d'Église où l'accent serait mis sur la communauté à taille humaine, vivant surtout de la Parole de Dieu et se donnant des ministères variés et à temps partiel, mais sans trop tenir compte des ministères ordonnés et de l'eucharistie. Nous devons nous demander si certaines de nos pratiques actuelles des ministères et le refus ferme de remettre en question certaines conditions d'accès au presbytérat — liées pour une grande part à une théologie, une culture et un moment de l'histoire —, ne sont pas en train de contribuer au déclin de la figure traditionnelle de l'Église catholique et de nous orienter vers une Église où la dimension cultuelle, définie par l'eucharistie, s'avère sans trop d'importance. L'avenir de l'Église est-il dans cette direction? Prévoir l'avenir n'est pas du ressort du théologien; mais l'une de ses tâches est de tenter de comprendre le vécu des communautés chrétiennes d'aujourd'hui et de préparer leur avenir à la lumière des Écritures et de la grande tradition vivante de l'Église.

Sans être pessimiste, j'ai de plus en plus la conviction que la majorité des responsables de la pastorale sont trop accaparés par les urgences et souvent trop fatigués pour ouvrir de nouveaux chantiers ou pour prendre des chemins encore inexplorés. Ils essaient de tenir le coup avec générosité. Dans les circonstances actuelles et avec les décisions et les orientations qu'ils reçoivent de Rome, peuvent-ils vraiment faire plus?

Dans un monde où tout change si rapidement, nous ne pouvons pas nous limiter à entreprendre une simple répartition des tâches et un ajustement de nos pratiques à la rareté de nos ressources pastorales. En s'en tenant trop souvent au renforcement des institutions actuelles, on résout seulement pour un temps nos difficultés. Nous ne pouvons plus faire comme avant. Le renouveau de notre pastorale et de l'Église ne viendra que d'une redécouverte de l'Évangile, et non uniquement d'un changement de structures. La vitalité des paroisses surgit de la joie de croire en Jésus et de la capacité de témoigner de son amour, des initiatives qui rendent proches des pauvres et de ceux et celles qui souffrent, des petites communautés ou groupes qui s'entraident et qui se mettent à l'écoute de l'Évangile. Seules les paroisses vraiment évangélisées, mais pas nécessairement plus grandes, sauront relancer l'avenir.

Les pratiques pastorales, que nous mettons en œuvre présentement, ne sont pas sans conséquence pour demain. Nous avons la responsabilité de ne pas hypothéquer trop lourdement l'avenir de l'Église avant qu'il ne soit trop tard.

Chapitre 7

Une Église en panne d'imagination

> *Le vieillard se plaint de sa mémoire, en fait il vit de souvenirs qui encombrent sa mémoire, aux dépens de son imagination. Face à des situations nouvelles, le vieillard ne sait plus trouver de solutions nouvelles. Il se contente de faire appel à son expérience qui valait pour des conjonctures antérieures, mais qui le paralyse face à une conjoncture inédite. Les précédents qu'il invoque, loin de l'aider à découvrir des solutions neuves, empêchent son imagination de s'exercer. Cependant, c'est dans la mesure où l'on est enraciné dans la tradition et que l'on bénéficie d'une longue expérience que l'imagination peut se permettre d'être audacieuse.*
>
> Dom Pierre Miquel[1]

Dans l'Église, on craint la créativité et l'imagination. Cette attitude de l'Église se comprend : son message vient de Dieu, sa tradition est normative, sa discipline doit être uniforme. Durant des siècles, elle a présenté chez nous un même visage. Contre tout ce qui bougeait, elle incarnait la stabilité et la sécurité. De génération en génération, elle livrait un message identique dans des formules qu'il ne fallait pas modifier, mais mémoriser et répéter

---

[1] *Histoire de l'imagination. Introduction à l'imaginaire théologique*, Paris, Le Léopard d'Or, 1993, p. 14.

fidèlement. Dans toutes les paroisses, à la ville comme à la campagne, la messe et les sacrements étaient célébrés en latin et toujours de la même façon. Tout était prévu dans les moindres détails. Je le sais d'expérience, car j'ai déjà enseigné les rubriques du missel aux futurs prêtres qui apprenaient à dire la messe, quelques mois avant leur ordination. À ce moment-là, je n'aurais pas imaginé qu'on puisse se permettre de célébrer autrement.

Durant mes études théologiques au temps du Concile, lors d'une conférence spirituelle prononcée par le supérieur provincial de la communauté, j'ai osé dire que bientôt toute l'assemblée réciterait le *Pater noster* avec le prêtre. J'entends encore le supérieur déclarer avec autorité et assurance : « Jamais cela n'arrivera; il appartient au prêtre seul de dire le *Pater noster* au nom de toute l'assemblée. » Quelques mois plus tard, toute l'assemblée récitait ou chantait à pleine voix le *Notre Père*. Comme bien d'autres, le père supérieur ne pouvait imaginer que la liturgie puisse changer.

Pendant des siècles, l'enseignement de la théologie a consisté à transmettre une doctrine immuable qu'il fallait assimiler. On pouvait certes se permettre des questions, mais à l'intérieur d'un système ou d'une école de pensée. Quant aux activités pastorales, elles étaient programmées de façon précise. Peu importe celui (surtout pas « celle! ») qui les accomplissait, les mêmes activités se déroulaient uniformément dans toutes les paroisses. Il y avait bien quelques exceptions, parfois des ruptures, mais elles étaient jugées comme des originalités et on n'en tolérait pas trop. On peut facilement comprendre que l'imaginaire chrétien était tout à fait fixé et immuable. Quant à l'imagination, elle était devenue sclérosée et atrophiée.

Un vieux pape de transition imagine un concile

Dans les années 50, beaucoup doutaient que l'Église catholique puisse tenir un concile œcuménique. Comment réunir dans une même assemblée les évêques du monde entier, qui n'avaient jamais été aussi nombreux, un peu plus de 2000? Et surtout, pourquoi un concile? En proclamant l'infaillibilité pontificale en 1870, le concile Vatican I n'avait-il pas mis fin à cette institution, puisque la formulation la plus sûre de la vérité ne peut venir que du pape seul? Le concile Vatican II (1962-1965) a pourtant eu lieu. Certains n'attendaient pas grand-chose d'une telle assemblée, sinon que, dans la continuité des conciles de Trente et de Vatican I, soient réaffirmés quelques principes fondamentaux contre toute tentative d'ouverture et de nouveauté.

Dès la cérémonie d'ouverture, le 11 octobre 1962, Jean XXIII proposait à l'assemblée conciliaire des orientations pastorales novatrices visant à tirer l'Église de l'inertie qui la paralysait[2]. En ce qui concerne la doctrine certaine et immuable, qui doit être respectée fidèlement, il insistait pour qu'elle soit « approfondie et présentée de la façon qui répond aux exigences de notre époque », car, précisait-il, « autre chose est la substance de la foi et autre la forme dont on la revêt ». Face aux erreurs, il affirmait que, contrairement au passé, l'Église préférait « recourir au remède de la miséricorde, plutôt que de brandir les armes de la sévérité ». Il n'hésitait pas à affirmer son « complet désaccord » avec certains censeurs qui, « bien qu'enflammés de zèle religieux, manquent de justesse de jugement et de pondération dans leur façon de voir les choses ». Ce discours de Jean XXIII était un programme audacieux et prophétique qui a été trop tôt rangé aux archives. Ne garde-t-il pas encore toute son actualité?

Selon une formule souvent reprise par Jean-Paul II, Vatican II est « l'événement fondamental de la vie de l'Église contemporaine ». Il fut un événement marquant et surtout libérateur, parce que la parole a circulé et qu'on a osé faire des ruptures. À

---

2 Discours d'ouverture dans *La documentation catholique*, n° 1387, 1962, col. 1378-1386.

Vatican II, des cardinaux et des évêques sont intervenus pour exprimer ouvertement leur opinion et manifester avec fermeté, à l'occasion, leur désaccord avec ceux qui avaient rédigé les projets des textes et qui en assuraient la discussion. Leurs interventions firent changer la démarche et le ton du Concile. On osa ainsi aborder des questions nouvelles qui n'étaient pas à l'ordre du jour : l'Église comme mystère et peuple de Dieu, la collégialité des évêques, le rôle des laïcs, la liberté religieuse, l'œcuménisme, l'ouverture de l'Église au monde, l'usage des langues vernaculaires en liturgie, etc. Des théologiens tenus à l'écart, comme Congar, de Lubac, Schillebeeckx, furent invités comme experts ou consultants. Leur enseignement fut souvent intégré et approuvé par l'assemblée conciliaire. Vatican II a ouvert bien des portes, sans toutefois entreprendre une révolution doctrinale. Même s'il apporta des expressions nouvelles de la foi, il en a toujours appelé à la grande tradition de l'Église, trop souvent oubliée ou mal connue. Cette démarche de retour aux sources et d'invention créatrice a marqué ceux qui l'ont vécue. Rien de plus novateur et même de plus révolutionnaire qu'une connaissance sérieuse de la grande tradition de l'Église! C'est l'une de mes marottes lors de mes cours de théologie.

Dans la suite de Vatican II

Le Concile terminé, s'ouvrait une nouvelle étape, tout aussi importante, celle de sa réception. L'orientation du Concile, donnée par Jean XXIII et poursuivie par Paul VI, contre l'immobilisme myope et la prépondérance des préoccupations juridiques sur l'inspiration évangélique avait éveillé l'enthousiasme des prêtres et des fidèles qui attendaient impatiemment un renouveau. Mais un profond malaise s'installa dans l'Église, en raison de frustrations causées par l'écart toujours prononcé entre les attentes et la réalité ecclésiale. À cette brève phase d'euphorie allait succéder une période de déception. Il est vrai que plusieurs se lancèrent dans des réformes improvisées et firent des faux pas, et parfois des incongruités, en particulier dans le domaine de la liturgie et de la catéchèse. Ces initiatives déconcertèrent de nombreux fidèles et provoquèrent la résistance des autorités qui, percevant une menace de dissolution du catholicisme, en ont profité pour ralentir les applications du Concile et favoriser plutôt une certaine restauration. Encore aujourd'hui, nous sommes témoins de ces tensions. Vatican II a tout de même contribué à atténuer dans une certaine mesure les conséquences de la crise des décennies suivantes, en engageant l'Église dans les voies de l'avenir par un redressement à la fois pastoral, spirituel et intellectuel.

Vatican II n'a pas réussi à renouveler les institutions ecclésiales qui souffrent de dysfonctionnements internes. Certes, Vatican II a ses limites et il ne pouvait pas répondre à toutes les attentes fondées sur lui. Il n'avait pas pris nettement position, de par la volonté de Paul VI, sur des problèmes chauds de l'heure, notamment la régulation des naissances et le maintien du célibat des prêtres dans l'Église latine. D'autres questions n'ont pas non plus été abordées au Concile, comme le rôle des femmes dans certains ministères, la possibilité d'un remariage pour la personne mariée abandonnée par son conjoint, la marge de liberté pour les théologiens face à l'autorité romaine. Même si nous reconnaissons l'ambiguïté de plusieurs textes conciliaires, qui pour être approuvés devaient satisfaire aux diverses tendances, il reste que le Concile a eu suffisamment d'audace et d'imagination pour aborder plus d'un sujet qui ouvrait de nouvelles perspectives. Ces points sont importants, mais ils relèvent surtout des réajustements administratifs et de la dynamique pastorale. On n'a pas vraiment abordé la question fondamentale de la pertinence de la foi chrétienne dans le monde moderne et sécularisé. Dans un sens, l'Église s'est trop préoccupée de la restructuration de ses institutions et elle a laissé en suspens la question de Dieu, de Jésus Christ et du salut. Il est nécessaire de reformuler, de façon profonde, le message chrétien sur Dieu. Nous manquons de penseurs pour donner à la foi un langage qui parle à nos contemporains. Il ne suffit pas de se réfugier dans l'expérience subjective et le témoignage personnel, comme le prône une certaine tendance qui a le vent en poupe. L'Église ne peut plus taire la question de Dieu; elle doit y répondre avant qu'il ne soit trop tard.

Il nous faut éviter de ne retenir de Vatican II que les textes et oublier toute la portée de l'événement conciliaire, qui se voulait un retour à la tradition authentique par-delà les positions héritées de la Contre-Réforme et surtout « une nouvelle Pentecôte », ouvrant à l'Église un avenir prometteur. Vatican II marque un tournant décisif. Même s'il n'a pas empêché la crise actuelle, il a engagé l'Église sur des voies d'avenir par des orientations théologiques et pastorales qui n'ont pas encore donné tous leurs fruits, à cause du manque d'audace et d'imagination des catholiques et surtout de leurs dirigeants. Au lieu de s'engager dans des voies inédites dans un monde nouveau, les autorités romaines et aussi locales ont construit trop souvent des barrages qui ont tout bloqué, comme si l'Église était liée pour toujours à des institutions et à des manières de faire, jadis sans doute utiles mais aujourd'hui inadaptées et que ces autorités s'entêtent à maintenir de force. C'est pourquoi le moment est venu de trouver une manière nouvelle d'« être Église » qui soit signifiante pour le monde d'ici. À plusieurs reprises, Jean-Paul II propose même une « nouvelle évangélisation » : « nouvelle en son ardeur, en ses méthodes, en ses expressions[3] ». Du discours sur l'urgence d'une nouvelle évangélisation, repris par les évêques et les pasteurs d'ici, nous ne sommes pas encore passés aux actes.

---

3 Jean-Paul II, Homélie de la messe célébrée au parc « Mattos Neto », à Salto, Uruguay, le 9 mai 1988, dans *La documentation catholique*, n° 1963, 1988, p. 546-549.

L'imagination, la faculté de la nouveauté

Pour entreprendre une nouvelle évangélisation et pour trouver des manières d'« être Église » qui soient à fois authentiques et interpellantes, nous ne pouvons nous inspirer uniquement des textes conciliaires et des encycliques récentes, encore moins du Code de droit canonique. Nous devons faire appel à l'imagination. Mais cela est-il sérieux? L'imagination n'est-elle pas la « folle du logis », comme l'affirme le philosophe Malebranche (1638-1715)? L'imagination n'est-elle pas réservée aux rêveurs, aux artistes et aux poètes? Elle souffre d'une mauvaise réputation et est discréditée, parce qu'elle se rapporte aux images et non aux idées, à la fantaisie et non à la raison. Elle est si proche du rêve! Pourtant, elle est non seulement utile, mais nécessaire pour susciter du nouveau. Point d'architectes créateurs, point de médecins compétents, point de diplomates habiles, point de scientifiques innovateurs sans imagination. Elle est plus puissante que le savoir, selon le grand physicien Einstein. Cette faculté permet de trouver des solutions inédites au lieu de répéter des formules toutes faites. Elle crée des agencements nouveaux. Elle est la faculté de la découverte et de l'exploration : « L'imagination est une faculté humaine qui permet de décoller du réel et d'avoir accès, au moins momentanément, au monde du rêve éveillé. Elle permet aussi de s'évader de la cage de la raison et d'accéder à une liberté non déductive mais intuitive[4]. » Loin de moi l'idée de mépriser la raison et le savoir — et ajoutons, les données de base de la foi chrétienne —, sinon l'imagination risque de verser dans l'utopie. L'imagination est la faculté de l'ouverture, de la nouveauté et, surtout, de l'éveil : « La fonction de l'imagination est de séduire ou inquiéter — toujours réveiller — l'être endormi dans ses automatismes[5]. » Elle est à la charnière

---

[4] Pierre MIQUEL, *Histoire de l'imagination*, p. 10.

[5] Gaston BACHELARD, *La poétique de l'espace*, Paris, Presses universitaires de France, 1970, p. 17.

du théorique et du pratique dans l'élaboration du discours et du pouvoir faire[6]. L'imagination n'est pas un domaine réservé; il faut profiter de celle des individus, hommes et femmes, mais aussi de celle des groupes, des mouvements, des communautés, des peuples, des Églises.

Dans le contexte de la culture actuelle, si nous tenons à ce que l'Église ne devienne pas une étrangère chez nous ou une réalité à confier aux musées, nous nous trouvons devant la tâche fascinante d'avoir à imaginer et à construire l'Église autrement. Dans un ouvrage à la fois décapant et très nuancé, intitulé *Imaginer l'Église catholique,* le moine bénédictin Ghislain Lafont montre que l'Église doit accepter de se détacher de sa « forme grégorienne », liée à d'autres conditions de la culture et relevant d'un autre équilibre entre la foi et la raison, entre l'Église et la politique[7]. En effet, la plupart des institutions ecclésiales actuelles remontent à Grégoire VII, pape de 1073 à 1085, principal responsable de la mise en œuvre d'une grande réforme. Le monde a bien changé depuis ce temps, et l'Église maintient les mêmes structures, avec quelques changements mineurs, mais toujours dans un même esprit. Il est temps de faire œuvre d'imagination théologique, pastorale et canonique. Ainsi pourront surgir des propositions concrètes, dans tous les champs qui inquiètent les chrétiens et les chrétiennes d'aujourd'hui, permettant à l'Église de retrouver sa signification pour le monde d'aujourd'hui et rendant plus crédible le témoignage de l'Évangile.

Les institutions ecclésiales ne sont pas faciles à changer, car elles demandent un consensus des diverses Églises catholiques et le consentement du pape, premier législateur dans l'Église. Voici

---

6   Voir l'étude sérieuse et difficile de Paul RICŒUR, « L'imagination dans le discours et l'action », dans *Savoir, faire, espérer : les limites de la raison*, T. 1, Bruxelles, Facultés Universitaires Saint-Louis, 1976, p. 207-228.

7   Ghislain LAFONT, *Imaginer l'Église catholique* (coll. *Théologies*), Paris, Les Éditions du Cerf, 1995, p. 49-84.

à titre d'exemples quelques réformes pourtant nécessaires : les conditions d'élection du pape et de la nomination des évêques; la réforme des institutions requises à l'exercice de la primauté du pape; les lieux réels du magistère; le rôle et la compétence des conférences épiscopales; le célibat exigé des prêtres du rite latin; le statut du mariage et les problèmes du divorce; l'accès des divorcés remariés aux sacrements; les possibilités d'initiatives des Églises locales en matière de catéchèse, de liturgie; l'autonomie de la théologie; les nouveaux ministères, etc. Sur chacun des points énumérés, des changements sont à apporter, mais ils dépassent les compétences d'une Église locale. Cela ne signifie pas que nous ne pouvons rien suggérer ni rien faire.

Un remue-méninges en Église

Dans nos orientations et pratiques pastorales, dans la réflexion théologique, il est possible d'apporter du nouveau, toujours dans le sillage de la grande tradition catholique et avec le souci de la mission dans le monde d'aujourd'hui. Concrètement, nous pouvons faire œuvre d'imagination dans l'Église d'ici. Je risque quelques suggestions, sans ordre particulier et sans les développer, comme lors d'un remue-méninges, un exercice si souvent fécond de créativité et de trouvailles étonnantes.

Des espaces d'intériorité

De plus en plus de gens frappent à d'autres portes que les nôtres pour combler leur besoin de spiritualité ou de vie intérieure. Pourquoi ne pas offrir des espaces de méditation, des centres de découverte et d'apprentissage de la vie spirituelle, des écoles d'intériorité? Il serait possible d'aménager nos églises, du moins en partie, et nos maisons religieuses pour répondre à ce besoin, mais il faudrait le faire en tenant compte des disponibilités et des attentes des gens. Dans nos communautés chrétiennes, des personnes possèdent une solide expérience spirituelle. En approfondissant leurs connaissances, elles pourraient devenir des accompagnatrices auprès des personnes en quête de spiritualité et exercer le ministère du discernement. Pourquoi ne pas les soutenir et mettre en œuvre dans nos milieux des services de vie spirituelle?

Une pastorale de la réconciliation et du pardon

Le sacrement du pardon, du moins dans sa forme individuelle, est en train de disparaître. Les célébrations communautaires avec absolution collective, bien qu'elles soient fréquentées, ne sont offertes, et parfois avec hésitation, que durant l'Avent et le Carême. Il ne faut pas s'attendre à ce que le récent *Motu proprio Misericordia Dei*, loin de favoriser l'absolution collective, fasse courir les foules vers le confessionnal. Pour revigorer la confiance dans ce sacrement et redécouvrir la place du pardon dans l'existence chrétienne, ne privilégions pas uniquement le moment, canoniquement requis, où le pénitent, en tête-à-tête avec le prêtre, avoue tous ses péchés et reçoit l'absolution. Dans les paroisses, il faudrait offrir les trois formes du sacrement, telles que prévues par le rituel de 1973, promulgué par Paul VI.

Nous pouvons nous permettre d'être plus innovateurs. Dans la société et aussi dans l'Église, on n'a jamais autant parlé du pardon, de ses étapes et de son importance thérapeutique[8]. Avec un peu d'imagination et d'initiative, nous pourrions offrir des démarches de pardon, des ateliers de réconciliation, des célébrations de « guérison », afin de venir en aide aux individus, aux couples, aux groupes. Pour atteindre ces objectifs, nous pourrions recourir à des personnes formées en counseling et en résolution de conflits, dans une perspective évangélique. Les diocèses et les paroisses ont beaucoup à faire pour mettre en œuvre

---

8   Voir Jean MONBOURQUETTE, *Comment pardonner? Pardonner pour guérir. Guérir pour pardonner,* Ottawa, Novalis, 1992. Le succès de diffusion de cet ouvrage est tout à fait révélateur de l'intérêt actuel pour le pardon.

une authentique pastorale du pardon et de la réconciliation, dépassant de beaucoup la forme individuelle de la pratique de la confession, qui exprimerait la richesse de la réconciliation accomplie en Jésus Christ pour toute l'humanité.

L'accompagnement des personnes endeuillées

Dans les réaménagements pastoraux, la prise en charge des funérailles par la communauté chrétienne devrait être encouragée. Des équipes de laïcs exerceraient le ministère de la visite auprès des malades et des personnes âgées, et les accompagneraient durant leur maladie. Ces laïcs pourraient être présents aux familles lors du décès de l'un des leurs, les réconforter, prier avec elles, les aider à organiser les funérailles et à vivre leur deuil.

Des rituels sont nécessaires pour vivre plus humainement les grands moments de l'existence, en particulier la mort, dans une société qui n'a de cesse de la nier. De plus en plus, les gens d'ici ont recours aux entrepreneurs de pompes funèbres, qui sont bien embarrassés pour répondre à leur demande de marquer l'ultime moment de l'existence. Ceux-ci en viennent à offrir des rituels à la carte. Or, l'Église a une riche expérience des rituels entourant la mort et de l'accompagnement des personnes endeuillées. Pourquoi alors ne pas mettre en œuvre une pastorale de la mort et des services d'accompagnement des personnes endeuillées? Dans quelques communautés chrétiennes, de telles initiatives se prennent déjà, mais il y a encore beaucoup à faire. Il serait illusoire d'attendre un nouveau rituel officiel avant de nous mettre à la tâche. Il faut observer de près l'évolution des pratiques et des croyances et faire place à l'imagination des pasteurs et des assemblées croyantes. Ce ministère auprès des personnes endeuillées est un ministère qui les aide à vivre à la lumière de Pâques.

Des rassemblements du dimanche pour les distants

De plus en plus de paroisses célèbrent le dimanche sans eucharistie par manque de prêtres. L'Office national de liturgie a publié en 1995 un « rituel » pour ces rassemblements. Mais l'usage empressé de ce rituel risque de paralyser toute créativité, s'il est employé trop à la lettre. De fait, la célébration des ADACE ressemble beaucoup trop à la célébration habituelle de l'eucharistie et on continue de suivre à la lettre le *Prions en Église*. Pour certains, il s'agit tout simplement d'une messe sans consécration. Le rituel propose aussi la liturgie psalmique du matin et du soir. Cette heureuse suggestion n'a malheureusement pas eu d'impact chez nous. On devrait pourtant l'encourager fortement, mais on préfère habituellement offrir une célébration qui ne s'éloigne pas trop de la messe.

Les assemblées du dimanche sans eucharistie pourraient être des occasions de créer de nouvelles façons de nous réunir et de célébrer le Jour du Seigneur. Pourquoi ne pas faire de ces rencontres, qui ont souvent l'avantage de rassembler de petits groupes, des « écoles de la Parole » où l'on prendrait le temps d'écouter, d'étudier et surtout de partager la Parole? De plus en plus, il faut tenir compte de la diversité des cheminements en Église et de la mise en œuvre de l'itinérance ecclésiale. Bien des gens ne sont ni prêts ni intéressés à célébrer l'eucharistie. Ils seraient cependant ouverts à d'autres formes de célébrations non liturgiques, qui les initieraient à la prière, à l'échange sur le sens de leur vie, à la recherche de l'essentiel. Des expériences seraient à promouvoir et elles sont réalisables avec l'aide des agents et agentes de pastorale qui ont acquis une formation théologique. La réévangélisation se fera à partir de petites communautés où l'on s'engage à se réunir au nom de Jésus, à écouter ensemble la Parole de Dieu, à partager les joies et les souffrances de la vie, à s'entraider.

Des services auprès des jeunes familles

Pour rencontrer les jeunes et surtout les jeunes familles, nous ne pouvons pas nous limiter à la pastorale sacramentelle qui accapare presque toutes les énergies des pasteurs et des animateurs et animatrices de pastorale. Nous devons opter pour une approche et des services qui favorisent la rencontre des gens et qui les aident d'abord à vivre avec espérance et à découvrir le sens de leur vie de couple, de parents et de citoyens et citoyennes. On pourrait inviter les jeunes couples à se réunir pour des échanges, aussi bien sur des questions religieuses que psychologiques, sur leurs engagements professionnels et sur l'éducation de leurs enfants. Prévoir un service de garderie leur permettrait de vivre un moment à la fois enrichissant et reposant. Il est également urgent d'organiser des activités pour les familles monoparentales, la plupart du temps des femmes, qui doivent occuper un emploi en plus d'assurer les tâches ménagères et l'éducation des enfants. Toutes ces activités pourraient même se tenir le dimanche matin, le Jour du Seigneur pour tous et toutes.

Pour les pratiquants de la charité et du service

Bien des gens d'aujourd'hui sont généreux et prêts à aider les autres, mais ils ne vont plus à la messe et se sentent loin des « affaires » de l'Église. Pourquoi ne pas créer pour eux des espaces et des activités où ils seraient à l'aise pour s'entraider et aider les démunis? Il ne faut pas investir uniquement dans la pastorale sacramentelle, ni même dans la catéchèse, mais également dans des services d'ordre humanitaire. Nous pourrions créer des lieux d'échange d'idées et de discussion à la lumière de l'Évangile, pour discerner les enjeux de la société actuelle. Bien des activités sont possibles : une corvée d'entraide ou une popote communautaire, qui aideraient des personnes dans le besoin, une randonnée à la campagne, un voyage, etc. Ces activités ne seraient pas mises sur pied pour attirer habilement les gens à la messe le dimanche suivant, mais tout simplement pour les aider à vivre leur humanité avec plus de profondeur dans le service aux autres. La préoccupation du pain pour tous les humains, selon Jean-Paul II lors de son homélie à Salto en Uruguay en 1988, doit toujours accompagner l'évangélisation[9]. Si nous arrivions à saisir que c'est dans l'amour et le service des humains que nous connaissons Dieu et que seul l'amour dure toujours, peut-être ferions-nous preuve de plus d'imagination dans l'Église...

Des maisonnées-églises

Bien des églises, des presbytères et des maisons religieuses sont à vendre, puisque nous ne pouvons plus entretenir tous ces édifices peu utilisés. Ne devrions-nous pas parfois songer à conserver le presbytère? Nous pourrions en faire la « maison de l'Église » où il serait possible d'aménager des salles de réunion, une bibliothèque et un service de librairie offrant des ouvrages sur le christianisme et la spiritualité, une salle pour les jeunes. Le presbytère ne serait pas assez vaste! Gilles Routhier propose d'offrir de nouveaux lieux d'engendrement à la foi : *maisons de charité* pour apprendre à devenir le prochain des personnes dans le besoin; *maisons de la culture* pour favoriser un premier contact avec la tradition chrétienne en présentant des conférences, des ateliers, des services de librairie; des *cénacles* ou des lieux où on peut se recueillir, entrer en soi et écouter la Parole de Dieu[10]. Afin d'annoncer l'Évangile ici et maintenant, les réaménagements pastoraux nous incitent donc à créer du neuf et à faire preuve d'imagination, en établissant des lieux de premiers contacts avec les distants et en suscitant des « activités mobiles » sur divers terrains et dans différents réseaux.

---

9   *La documentation catholique*, n° 1963, 1988, p. 548-549.

10   Voir Gilles ROUTHIER, « Inventer des lieux pour proposer l'Évangile et rassembler les croyants », dans *Paroisses et ministère. Métamorphoses du paysage proissial et avenir de la mission* (sous la dir. de Gilles ROUTHIER et Alphonse BORRAS), Montréal, Médiaspaul, 2001, p. 387-403.

Des centres de recherche de sens

Nous disposons de lieux pour célébrer avec ceux et celles qui professent la foi, mais nous n'avons guère de centres pour chercher avec d'autres le sens de ce que nous vivons et pour les initier au type de recherche auquel nous conduit la foi. Par « centres », je ne pense pas uniquement à des édifices ou à des locaux, mais plutôt à des types de communautés et de rassemblements, dans lesquels les catholiques pratiquants pourraient rencontrer des gens de passage et échanger avec eux. Ainsi le message chrétien, même simplement énoncé sous forme de sens vécu et de recherche, pourrait circuler et germer chez des personnes qui sont loin de l'Église. S'inspirant des « cafés philosophiques », nous pourrions créer des lieux de discussion sur les questions d'éthique, de bioéthique, de politique, à la lumière de l'Évangile. Dans ces échanges, les chrétiens et les chrétiennes ne chercheraient pas à avoir le dernier mot sur tout, mais à dire leur mot, en référence à la foi qu'ils professent. Ces lieux de dialogue ne viseraient pas à convaincre les distants, encore moins à les récupérer. Ils favoriseraient tout simplement le cheminement dans la recherche du vrai et ils profiteraient aussi bien aux pratiquants qu'aux distants.

Des services pour la vie

L'Église ne peut proclamer haut et fort l'interdit de l'avortement sans mettre de manière visible des centres d'accueil à la disposition des femmes enceintes qui se retrouvent dans une situation de détresse et sans soutien de leur entourage. Il faut certes condamner l'avortement. Mais nous ne pouvons le faire sans créer concrètement des conditions humaines où des femmes voudront et pourront mettre des enfants au monde et les éduquer. Beaucoup reste à faire pour développer le sens de la responsabilité à l'égard de la vie dans la société, non seulement de la part des femmes, mais surtout de la part des hommes qui se montrent si souvent irresponsables. Les discours condamnant l'interruption de grossesse ne sont-ils pas trop souvent chargés de mépris pour la femme? Pourquoi ne pas promouvoir une pastorale intégrale de la vie, faite de respect, d'attention et d'amour?

Des prêtres âgés qui deviennent « grands-parents »

Par nécessité, on encourage les prêtres âgés à demeurer en charge des paroisses. Il me semble qu'il conviendrait, même avant 75 ans, sans prendre une retraite du ministère, que le prêtre ait la possibilité de se situer en retrait. À un certain âge — je n'ose plus trop préciser —, la charge d'une paroisse, surtout dans le contexte actuel, devient trop lourde. Il arrive un moment où il serait normal que le prêtre se limite à un rôle qui revient normalement à des grands-parents. Le prêtre âgé serait vraiment l'« ancien » (le mot « prêtre » vient du grec *presbuteros*, qui signifie « ancien »). Il pourrait exercer un rôle d'accueil personnel plus que fonctionnel, être celui qui écoute, réconforte, éclaire. L'ancien peut faire profiter de son expérience, sans être le premier responsable de la paroisse. Il faut savoir partir au bon moment et laisser la place à d'autres plus jeunes qui auront plus d'audace et moins de prudence pour entreprendre des projets nouveaux. J'ai souvent observé qu'il faut parfois un départ précipité pour trouver un successeur qu'on n'aurait jamais prévu. Si tous les prêtres âgés décidaient demain matin de quitter leur responsabilité de curés de paroisses, nous devrions bien leur trouver des remplaçants et des remplaçantes. Cela serait possible si nous mettions notre foi dans la présence de l'Esprit et si nous faisions confiance aux communautés chrétiennes. Et ces prêtres à la retraite apporteraient aux communautés chrétiennes ce que donnent les grands-parents à leur famille et à la société. Les grands-parents apportent beaucoup et ils sont plus que jamais nécessaires.

Un concile au Québec

Tout au long de son histoire, plus particulièrement dans les premiers siècles, l'Église a connu plusieurs conciles ou synodes œcuméniques et régionaux, pour débattre de questions importantes concernant la doctrine et l'organisation ecclésiale. À la suite de Vatican II, plusieurs diocèses d'ici ont fait l'expérience de la tenue d'un synode ou encore d'une démarche synodale[11]. Les synodes ont permis aux diocésains, prêtres et laïcs, d'échanger et de s'exprimer sur plusieurs points. Il faut toutefois reconnaître qu'ils ont engendré des frustrations et des déceptions, car trop de sujets d'importance inégale ont été abordés et qu'aucun véritable suivi efficace n'a été prévu. Sans remettre en question les synodes diocésains, il est temps que l'Église d'ici tienne un synode plénier ou « national ». Nous n'avons pas abusé chez nous des synodes pléniers; le dernier remonte à 1909 : le concile plénier de Québec. Ce concile, réunissant tous les diocèses du Canada, visait à assurer une union plus ferme des forces catholiques du pays et à se donner des orientations communes sur des questions aussi concrètes que l'accueil des immigrants, l'uniformité du catéchisme, l'étude de l'anglais et du français dans les séminaires, etc. À l'époque, le concile a été considéré comme l'un des grands événements de l'histoire de l'Église catholique canadienne. Maintenant, avec une certaine distance, il faut porter un jugement plus modeste et reconnaître que l'entrée en vigueur du Code de droit canonique de 1917 devait reléguer aux oubliettes la plupart des décrets du concile plénier de Québec.

La tenue d'un synode plénier ou national est prévue dans la législation actuelle[12]. Les mentalités et les approches pastorales

---

[11] Voir l'excellent document préparé par le Comité de théologie de l'Assemblée des évêques du Québec, *Vers l'exercice de la synodalité dans nos Églises*, Montréal, Fides, 2000.

[12] Voir Patrick Valdrini, « Peut-on penser à un synode national? », dans *Le gouvernement de l'Église catholique. Synodes et exercice de pouvoir* (sous la dir. de Jacques Palard), Pairs, Les Éditions du Cerf, 1997, p. 87-96.

étant si différentes, ne pensons pas à un synode de l'Église canadienne, mais plutôt à un synode de l'Église du Québec. Ce synode ne devrait porter que sur un ou deux points d'importance vitale. À titre d'exemple : les réaménagements pastoraux, l'évangélisation, les ministères. Les divers diocèses pourraient ainsi partager leurs expériences et surtout prendre des orientations communes. Comme les paroisses sont appelées à travailler ensemble dans une même unité, les diocèses d'une même région devraient opter pour la synodalité. Des raisons pratiques semblent militer contre la tenue de conciles pléniers, car plusieurs diocèses ont déjà mesuré la lourdeur de cette institution. De plus, les autorités romaines mettent tellement de conditions qu'on préfère ne pas envisager sérieusement la tenue d'un concile « national ». Je me plais malgré tout à imaginer l'impact d'un tel concile sur la destinée de l'Église d'ici.

Fidélité et créativité

Il serait facile de présenter d'autres suggestions, qui sont de l'ordre du possible; il suffit de laisser aller son imagination. Je ne prétends pas apporter du nouveau. La majorité des pasteurs, agents et agentes de pastorale ont déjà pensé à tous ces projets. En quelques endroits, on a même commencé à les mettre en œuvre. Mais avons-nous le personnel préparé pour ces tâches? Les moyens financiers? Tout simplement, le temps et l'énergie?

J'ai l'impression parfois que nos devanciers avaient plus d'imagination et plus d'audace que nous. Pensons au cardinal Cardjn en Europe et au père Henri Roy ici qui ont lancé les mouvements d'Action catholique, au père André Guay qui a eu l'idée du *Prions en Église* et des cours de préparation au mariage, à Simonne et Michel Chartrand qui ont fait la promotion des syndicats, aux Sœurs Grises qui ont fondé l'Accueil Bonneau à Montréal. L'histoire de l'Église d'ici est tellement riche d'initiatives variées qui ont été prises, souvent dans des conditions misérables, pour répondre à des besoins pressants dans les domaines de l'éducation, de la santé, des services sociaux. Soulignons également que ces initiatives n'ont pas été prises, dans la plupart des cas, par les membres de la hiérarchie, mais par des laïcs, hommes et femmes, souvent de modeste condition. Pourquoi l'Église d'aujourd'hui ne voit-elle pas surgir de nouveaux projets d'évangélisation de la part des laïcs, comme dans le passé encore proche de nous? Une autre question sans réponse et qui me rend inquiet de l'avenir de l'Église d'ici.

Nous avons toujours à apprendre du passé chrétien, de la longue et riche tradition de l'Église. Dans un écrit de 1904, le philosophe chrétien Maurice Blondel (1863-1938) nous faisait comprendre le rôle de la tradition chrétienne, qui se veut instructive et initiatrice :

> Tournée amoureusement vers le passé où est son trésor, elle va vers l'avenir où est sa conquête et sa lumière. Même ce qu'elle *découvre*, elle a l'humble sentiment de le *retrouver* fidèlement. Elle n'a rien à innover, parce qu'elle possède son Dieu et son tout; mais elle a sans cesse à nous apprendre du nouveau, parce qu'elle fait passer quelque chose de l'implicite vécu à l'explicite connu. Pour elle, en somme, travaille quiconque vit et pense chrétiennement, aussi bien le saint, qui perpétue Jésus parmi nous, que l'érudit qui remonte aux pures sources de la Révélation, ou que le philosophe qui s'efforce d'ouvrir les voies de l'avenir et de préparer le perpétuel enfantement de l'Esprit de nouveauté[13].

La vraie tradition n'est jamais répétitive, servile et fermée. Elle ne prône pas le retour insignifiant à des pratiques du passé, comme

---

[13] Maurice BLONDEL, *Histoire et dogme*, dans *Œuvres complètes*, T. II, Paris, Presses universitaires de France, 1997, p. 434. Nous avons beaucoup à apprendre de ce philosophe qui a réfléchi sur les rapports entre foi et histoire, au moment de la crise moderniste du début du XXe siècle.

on le constate depuis quelques années chez certains groupes qui tiennent à reconstituer un monde religieux qu'ils n'ont du reste jamais vraiment connu. Mais il ne suffit pas de recourir à la mémoire, il faut aussi faire appel à l'imagination pour préparer l'avenir du christianisme. Il n'y a pas de tradition sans continuité; en revanche, aucune authentique continuité n'est exempte de ruptures. La nouveauté vient d'une rupture d'avec l'ancien. L'imagination est précisément cette faculté qui opère les ruptures suscitant des changements. Il est vrai que le « religieux » n'aime pas le changement; de tout temps, il s'est défini par la répétitivité, à plus forte raison aux époques où il se sent menacé. Mais nous ne pouvons plus nous permettre un temps d'arrêt ou, plus grave encore, un retour en arrière, car notre société moderne continuera de s'éloigner de la tradition chrétienne. Avec audace et imagination, nous avons la responsabilité d'inventer un nouveau mode de fidélité au passé chrétien, notamment à l'événement Jésus Christ, qui ne soit pas fermeture au présent ni à l'avenir.

* * *

Dans l'Église d'ici, où sont nos « laboratoires », nos lieux d'expérimentation, les serres où pourraient germer de nouvelles pousses d'avenir? Le « personnel » de la pastorale et les chrétiens et chrétiennes engagés sont fatigués, parfois blasés, trop âgés et certainement à bout de souffle pour créer du neuf. Comment pouvons-nous aller à la rencontre des hommes et des femmes de demain en gardant des mentalités et des manières de faire d'autrefois? Comment rejoindre les jeunes, qui devraient être nos héritiers, si nous allons vers eux appuyés sur nos cannes? Il nous faut apprendre à abandonner un langage, des rituels, des institutions, pour retrouver l'Évangile dans toute la fraîcheur de ses origines. Bien des durcissements et des blocages de nos idées ne viennent pas seulement de notre sagesse et de notre prudence, mais peut-être du manque de confiance dans l'Évangile et dans l'avenir. C'est pourquoi nous faisons preuve de si peu d'imagination et de créativité. Ce n'est pas un reproche, mais une constatation. Nous sommes presque tous trop âgés pour susciter du neuf dans l'Église. Voilà le drame d'une Église qui n'a plus d'enfants et qui ne rejoint plus les jeunes adultes, les artistes, les littéraires, les penseurs, les aventuriers.

Chapitre 8

Une Église en phase terminale

> *Oui, deux mille ans, plus ou moins, c'est une longue étape pour l'homme, surtout s'il vient, comme de nos jours, s'y ajouter le point critique d'un « changement d'âge ». Après vingt siècles, tant de perspectives se trouvent modifiées qu'il nous faut, religieusement, faire peau neuve. Les formules se sont rétrécies et durcies : elles nous gênent et elles ont cessé de nous émouvoir. Pour continuer à vivre, il faut muer. Chrétiens, je n'ai pas le droit de penser que, en cette période de transition où nous touchons[sic], le Christianisme puisse disparaître, comme c'est arrivé à d'autres religions. Je le crois immortel. Mais cette immortalité de notre foi ne la dispense pas de subir, en les surmontant, les lois générales de périodicité qui dominent toute vie. Présentement, je reconnais donc que le Christianisme atteint (exactement comme l'Humanité qu'il recouvre) la limite des cycles naturels de son existence.*
>
> Pierre TEILHARD DE CHARDIN[1]

Personne ne pourra nier le rôle de l'Église d'ici dans le domaine de l'éducation, de la santé et de la culture. Elle a contribué à

---
[1] *Inédit*. Tien-Tsin, Noël 1933, dans *Comment je crois*, Paris, Éditions du Seuil, 1969, p. 112-113.

maintenir et à développer la foi chrétienne durant des générations et aussi à forger notre identité culturelle et nationale. Dans son dernier ouvrage, où il livre ses convictions profondes, le sociologue Fernand Dumont conclut que l'Église du Québec est devenue marginale, en raison du déclin de la pratique religieuse et surtout de la perte de son influence comme institution. Sa contribution demeure toujours essentielle à la collectivité québécoise : « L'Église a été mêlée trop intimement au passé du Québec pour que l'on envisage sans réticences, chez les non-chrétiens, de la remiser au vestiaire des vêtements démodés ou, chez les chrétiens, de l'envoyer chez le nettoyeur[2]. » Sans pour autant passer sous silence les attitudes trop souvent dominatrices ou moralisantes de cette Église de chez nous, ceux et celles qui sont familiers avec l'histoire devront dresser un bilan plutôt positif de son influence sur notre société. Mais aujourd'hui, elle n'a plus les ressources ni l'audace pour remplir sa mission et être présente au monde. Sa course semble bien achevée. Serait-elle condamnée à se désagréger, comme ces fusées dont les éléments se dispersent et se consument dans l'atmosphère, après avoir lancé sur leur orbite les satellites qui assurent les recherches scientifiques et la communication entre les humains?

Après avoir, dans les pages précédentes, dessiné à grands traits un portrait de l'Église d'ici, le moment est venu de prononcer un diagnostic. D'après les symptômes constatés, pouvons-nous affirmer que l'Église d'ici serait entrée dans sa phase terminale[3]? Nos aménagements pastoraux ne seraient-ils alors que de l'acharnement thérapeutique destiné à maintenir vivante à tout

---

2 Fernand DUMONT, *Une foi partagée* (coll. *L'essentiel*), Montréal, Bellarmin, 1996, p. 272.

3 Voir Eugène LAPOINTE, « Acharnement thérapeutique ou mission? », dans *Communauté chrétienne*, juin 1990, p. 16-18. Cet article présente le regard de l'un des nôtres sur l'Église d'ici, après un séjour de plus de trente ans en mission au Lesotho. À ma connaissance, il est le premier à décrire la situation de l'Église d'ici avec les expressions de « phase terminale » et d'« acharnement thérapeutique ».

prix une Église qui ne demande qu'à mourir de sa belle mort? Serait-elle donc sur le point de disparaître en douce, de mourir? Et si elle était condamnée à renaître[4]?

Les Églises passent

Les difficultés et les impasses de l'Église d'ici soulèvent des interrogations sur son avenir. Nous n'avons pas le moindre intérêt à les dissimuler par de consolantes considérations pseudo-spirituelles. La rumeur ne cesse de grandir : l'Église est gravement malade, elle se meurt. Pour ma contribution à la diffusion de cette rumeur, on pourra me juger pessimiste, alarmiste, pour ne pas dire insolent. Plus grave encore, on y percevra un manque de foi en Dieu, le garant de l'avenir de l'Église, comme nous le suggère le texte de Matthieu : « Tu es Pierre, et sur cette pierre je bâtirai mon Église, et la Puissance de la mort n'aura pas de force contre elle » (*Matthieu* 16, 18). Si l'Église, dans son ensemble, est assurée de l'accomplissement des promesses de vie éternelle que le Christ lui a faites, cela ne vaut pas nécessairement pour chacune des Églises locales. Certaines d'entre elles ne font que passer. Nous devons reconnaître que des Églises locales ont pu être ou ne sont présentement que provisoires, en vertu même du fait qu'elles sont historiques. Comme réalités historiques, marquées par la contingence, elles n'en maintiennent pas moins des liens avec le royaume de Dieu. Dans la grandeur parfois, dans l'indécision souvent, elles témoignent de la venue du Royaume, sans jamais s'identifier totalement à lui[5].

L'histoire nous apprend que des Églises florissantes ont connu non seulement des périodes de crise et de déclin mais qu'elles ont

---

[4] C'est le titre de l'ouvrage d'André GOUZES, *Une Église condamnée à renaître. Entretiens avec Philippe Baud*, Saint-Maurice, Éditions Saint-Augustin, 2001.

[5] Voir Christian DUQUOC, *Des Églises provisoires. Essai d'ecclésiologie œcuménique*, Paris, Les Éditions du Cerf, 1985.

tout simplement disparu. Qu'est devenue la brillante Église d'Afrique du Nord, illustrée par Tertullien, Cyprien, Augustin? Cette Église a compté plus de 700 diocèses vers le Ve siècle; de nos jours, il n'en reste qu'un seul, avec très peu de fidèles. Qu'est devenue l'Église d'Asie mineure (en gros, la Turquie actuelle), celle de Basile de Césarée, de Grégoire de Nazianze et de Grégoire de Nysse? Que reste-t-il de la Tarse chrétienne, implantée dans la ville d'origine de saint Paul? Que reste-t-il de la première communauté de Jérusalem, celle des premiers disciples et de la parenté de Jésus? Toutes ces patries d'un christianisme jadis majoritaire et prestigieux sont devenues terres d'Islam à partir du VIIe siècle. Pour diverses raisons, qu'il serait trop long de considérer ici, ces Églises des premiers siècles sont devenues minoritaires et sont même disparues. Il n'en reste que des vestiges et des ruines, que nous visitons avec intérêt, et des écrits attestant la richesse de leur pensée et la vitalité de leurs communautés.

Que reste-t-il de la grandiose abbaye de Cluny, dont l'influence a été si féconde dans toute l'Europe durant des siècles? À peine quelques ruines, même si l'Europe en demeure toujours marquée. Par contre, des Églises se sont développées dans d'autres contrées et de nouveaux ordres religieux ont été fondés pour mieux répondre aux besoins des époques. Les Églises et leurs institutions sont donc soumises aux aléas de l'histoire qui devient, en quelque sorte, un vaste cimetière. Mais le christianisme n'est pas mort pour autant. Dans une étude sur la signification théologique de l'effondrement de la chrétienté, le théologien Christian Duquoc arrive à la conclusion suivante : « La rumeur puissante du décès prochain du christianisme n'est peut-être qu'une fausse rumeur[6]. » Pour sa part, la rumeur de la fin prochaine de l'Église d'ici me semble toutefois bien fondée.

---

[6] Christian DUQUOC, *Christianisme. Mémoire pour l'avenir*, Paris, Les Éditions du Cerf, 2000, p. 124.

Que restera-t-il de l'Église d'ici dans 25 et 50 ans? Si la pratique liturgique continue à diminuer et si les vocations au presbytérat et à la vie religieuse ne reprennent pas — et nous ne notons aucun indice de reprise —, plusieurs églises et maisons religieuses auront un autre usage. En visitant un musée, une bibliothèque ou encore un édifice à logements, on dira dans quelques années : « Jadis, c'était une église, un monastère, une maison mère, un noviciat. » L'Église ne se ramène certes pas à ses édifices et à ses institutions, mais ceux-ci montrent sa vitalité et son insertion concrète dans la société. Elle aura très probablement d'autres manières d'exprimer sa présence. Il est certain que son visage changera et qu'elle ne fera plus partie du paysage, du moins à la manière d'hier et d'aujourd'hui. En plus de la décroissance du nombre de prêtres et de fidèles, il nous faut tenir compte des conséquences à long terme de son incapacité à transmettre la foi et les valeurs chrétiennes, de son manque de crédibilité, de créativité et d'imagination.

Jusqu'à maintenant, les échéances ont été retardées d'année en année, mais nous ne pourrons plus assurer la permanence des paroisses, des services et des mouvements, même avec le dévouement des prêtres, des religieuses et des laïcs bénévoles. Avec ingéniosité, nous assurons encore les « services essentiels » à l'égard des 15 à 20 % de pratiquants réguliers et occasionnels, mais nous n'avons plus ni le courage ni l'énergie pour entreprendre de façon vraiment significative des projets nouveaux. Le dévouement comporte des limites, et les chiffres sont impitoyables. Ceux qui ont autorité peuvent certes prendre quelques initiatives, mais elles sont la plupart du temps timides et en retard. On ne peut guère s'attendre à ce qu'ils soient maîtres des commencements. D'ailleurs, ce rôle n'est pas réservé à eux seuls. L'avenir de l'Église d'ici est plus que menacé.

Une page tournée pour toujours

S'inspirant d'une formule de l'écrivain français Jean Cayrol, les évêques du Québec, dans leur rapport pour leur visite *ad limina* de 1983, comparent l'Église d'ici à une vieille maison en rénovation qui ressemble souvent à une maison en ruine : « Au premier coup d'œil, c'est la désolation, les murs délabrés, les déchets, la poussière. Ceux qui l'avaient habitée se font mal au grand dérangement. Ceux qui la rénovent n'ont pas toujours une idée claire de ce qu'elle devient. Ceux qui l'observent ont beau jeu de s'alarmer[7]. » Après bien des efforts, l'Église d'ici a toujours les apparences d'une maison dont on ne parvient pas à compléter les rénovations. Est-elle trop occupée par les rénovations, oubliant la primauté de la mission qui est d'évangéliser non seulement les personnes, mais aussi les cultures, les mentalités, les structures et les milieux de vie? Il faudra peu de choses pour que la « vieille maison » s'écroule.

Récemment, on demanda à Marcel Gauchet, philosophe des religions, si le christianisme aura de la difficulté à se maintenir s'il continue sur sa lancée actuelle. Le spécialiste des religions répondit : « S'il ne se passe rien, on peut dire que dans un siècle, il ne restera en Europe plus grand-chose du christianisme. Mais il peut être totalement transformé par des innovations dont nous n'avons pas aujourd'hui la moindre idée[8]. » Ce jugement sur le christianisme européen, nous pouvons le porter sur l'Église d'ici.

Quant à Danièle Hervieu-Léger, sociologue réputée qui analyse les évolutions de la religion en France dans les cinquante dernières années, elle ne cache pas son pessimisme sur le catholicisme contemporain. Elle reconnaît qu'il y a encore dans l'Église des ressources et des personnes capables de faire évoluer les choses,

---

[7] Assemblée des Évêques du Québec, Rapport à l'occasion de leur visite *ad limina*, 1983, p. 75.

[8] Marcel Gauchet, « S'il ne se passe rien, il ne restera plus grand-chose », dans *Chrétiens, tournez la page*, Paris, Bayard, 2002, p. 79.

mais elle n'est pas persuadée qu'il y ait présentement le dispositif pour y parvenir ni la volonté de le faire. Elle ajoute : « Je ne dis pas que tout est fini, mais je redoute que les conditions institutionnelles ne soient pas actuellement réunies dans l'Église romaine pour donner véritablement une chance à ces forces-là[9]. » Faut-il donc que tout tombe, même les grandes institutions ecclésiales, pour connaître un renouveau en profondeur ?

L'Église est une société très structurée et centralisée. Les changements nécessaires ont donc plus de chance de se réaliser si ses dirigeants sont convaincus de leur nécessité et s'ils consentent à les mettre en œuvre. Dans un ouvrage récent, Olivier Le Gendre, spécialiste des technologies de l'information, s'adresse aux deux prochains successeurs de Jean-Paul II qui auront à mener une tâche particulièrement complexe dans les vingt-cinq prochaines années[10]. Selon cet auteur, le moment est venu pour l'Église de faire le deuil, de gouverner autrement et sans punir, de simplifier son décorum suranné, de parler pour se faire entendre en tenant compte des médias. Les prochaines années seront cruciales pour l'avenir de l'Église et elle a peu de temps pour trouver de nouveaux modèles de fonctionnement qui lui permettront d'exercer sa mission dans le monde d'aujourd'hui. Pour Le Gendre, les deux prochains papes délieront l'Église de ses craintes qui entravent son dynamisme et ouvriront de nouvelles routes. Il établit un constat proche du mien : « Il est trop tard pour l'Église : la barque a beaucoup navigué et s'est éloignée du rivage de ses origines. Il est tard aussi parce que les chrétiens se sont laissé emprisonner dans des situations souvent critiques dont ils ne savent pas toujours comment s'en sortir[11]. »

---

[9] Danièle HERVIEU-LÉGER, « Une crise dont l'Église pourrait ne pas sortir », dans *Chrétiens, tournez la page*, Paris, Bayard, 2002, p. 106.

[10] *Lettre aux successeurs de Jean-Paul II*, Paris, Desclée de Brouwer, 2002.

[11] Olivier LE GENDRE, *Lettre aux successeurs de Jean-Paul II*, p. 164.

Sans changements d'attitude et de mentalité, l'avenir de l'Église est gravement compromis. On ne peut pas toujours retarder le moment où il nous faudra affronter la réalité. Une page de l'histoire de l'Église d'ici est en train de se tourner pour de bon. Le temps est venu d'écrire la suivante.

Plus qu'une crise, plus qu'un déclin...

Peut-on parler de la situation présente de l'Église d'ici en termes de « crise »? Je ne crois pas. La crise, c'est un moment difficile que l'on traverse, mais elle est habituellement de courte durée et on a bon espoir de s'en sortir en prenant les moyens adéquats. Nous pouvons affirmer que notre Église n'est pas seulement en train de traverser un moment difficile qui sera bientôt résorbé ou encore une épreuve passagère qu'elle surmontera avec un peu de courage. Nous vivons une profonde mutation sociale et culturelle qui comporte des impacts majeurs sur l'Église. Un nouveau monde est en train d'émerger tandis que l'autre disparaît. De plus en plus de gens d'ici ne se reconnaissent plus dans les pratiques régulières et le message de l'Église. Plusieurs pensent avoir rompu définitivement avec elle; ils demeurent fixés sur une vision très bloquée de ce qu'elle a été ou a paru être, pour eux, au moment où ils l'ont quittée.

L'Église souffre d'un manque de confiance de la part des gens, même d'une sorte de discrédit, comme s'ils n'avaient plus rien à attendre d'elle pour s'épanouir, être heureux et réussir leur vie dans la société d'aujourd'hui. Aurait-elle donc fait son temps? À cette question, beaucoup s'empressent de répondre par l'affirmative. Certains en sont heureux et y voient même une libération de son autoritarisme dominant sur les consciences et un affranchissement d'une croyance trop régionale. D'autres répondent « oui », mais avec nostalgie et un certain regret. À l'occasion, ils parleront de l'Église d'hier sur un ton d'éloge funèbre.

Ils s'attristent, du moins dans leurs propos, de son déclin; ils reconnaissent son rôle dans l'histoire du Canada francophone, mais ce souvenir ne commande plus leurs engagements actuels. Il n'y a pas ici tellement d'anticléricalisme prononcé, mais de plus en plus d'indifférence pour les « choses » d'Église. Les gens laissent cela à d'autres, tout en tenant encore à se dire catholiques lors du recensement fédéral ou à l'occasion de fêtes, comme Noël et Pâques, et des grands moments de la vie. L'Église est de plus en plus repoussée à la périphérie. Elle organise parfois de grandes célébrations religieuses, sans trop d'impact sur la vie de tous les jours. Même le message chrétien est en train de devenir une parole parmi tant d'autres. La « vraie vie » se déroule ailleurs!

L'Église m'apparaît de plus en plus à l'image de Jean-Paul II. Au début de son pontificat, il était jeune — 58 ans —, audacieux et débordant d'énergie. Il incarnait le slogan évangélique qu'il lançait : « N'ayez pas peur! » Il se présentait comme un homme solide, athlète de Dieu et grand témoin de la foi qui n'a peur de rien, pas même du régime communiste qu'il a réussi à ébranler. Mais aujourd'hui, on le voit fatigué, courbé, malade, marchant avec difficulté, mais toujours tenace et tenant à bout de souffle une Église chancelante. De même, l'Église d'ici était jadis forte, rayonnante, engagée dans tous les projets de la société. Il n'y avait rien à son épreuve et elle pouvait compter sur des troupes jeunes et nombreuses. Aujourd'hui, ses dirigeants et ses membres sont âgés, fatigués, écrasés par des institutions héritées d'un autre âge. Nous sommes les témoins impuissants de son déclin qui ne cesse de s'accentuer, même s'il n'est pas toujours fracassant. Le dévouement et la générosité, notamment des femmes, ne manquent pas. Mais les jeunes sont absents. Il n'y a presque plus de projets de vie et d'œuvres qui les attirent et les font rêver, comme au temps de mon enfance. Une Église qui n'intéresse plus les jeunes est sans avenir. Si la pratique liturgique et la culture religieuse continuent leur courbe régressive, que restera-t-il de l'Église dans une ou deux générations? On se souviendra à peine d'elle, tant l'amnésie religieuse sera totale. Le déclin de l'Église d'ici progresse d'année en année. Il arrivera à son terme dans moins de 30 ans.

Nous sommes à l'heure du crépuscule d'une journée nuageuse, sans les couleurs vives d'un coucher de soleil. C'est la fin d'un jour qui ne reviendra plus.

Vers un Québec païen?

Mgr Hippolyte Simon, évêque de Clermont-Ferrand, a publié récemment un ouvrage au titre provocateur : *Vers une France païenne?*[12] Non seulement il constate l'effondrement de la pratique religieuse, mais il dénonce des pratiques qui présagent le retour d'un certain paganisme, comme la consultation de « voyants », l'engouement pour les jeux de hasard, l'Halloween et ses citrouilles. Selon cet évêque, la France serait en voie de paganisation. Ce paganisme moderne n'est certes pas celui de l'Antiquité. Mais comme ce dernier, il n'est pas sans référence au religieux, mais à un religieux négateur de l'héritage judéo-chrétien qui nous a constitués. Ce fait n'est pas sans conséquence sur la vision du monde et de l'histoire. L'irrésistible reflux du christianisme risque certainement de favoriser le retour d'une sensibilité païenne, bien plus régressive qu'on ne l'imagine. Le diagnostic alarmant de Mgr Simon est pessimiste, mais il a le mérite de soulever la discussion[13].

Jean-Claude Guillebaud arrive à peu près au même constat dans son ouvrage intitulé *La refondation du monde*[14]. Selon ce journaliste, seul le rapatriement de notre histoire enracinée dans

---

12   Paris, Cana, 1999.

13   Voir *Cahiers de l'Atelier*, n° 494, 2001, notamment les articles de L. LAOT, de Jean-Claude GUILLEBAUD; René RÉMOND, *Le christianisme en accusation*, Paris, Desclée de Brouwer, 2000, p. 55-89.

14   Paris, Éditions du Seuil, 1999.

la pensée grecque, le judaïsme et le christianisme, permet de comprendre quelle sorte de barbarie nous menace. Il invite donc à une *refondation du monde*, définissant loyalement ce à quoi nous croyons et vers quel avenir nous marchons. L'inclination vers l'irrationnel, la magie, la superstition n'est jamais de bon augure. Tout en dénonçant une possible « France païenne » à venir, Guillebaud nous prévient de ne pas entretenir une nostalgie inavouée pour la chrétienté post-constantinienne, si compromise avec le pouvoir temporel. Il précise : « C'est le message qui a de l'avenir, la subversion évangélique, l'espérance, la "bonne nouvelle", et non pas le pouvoir organisateur ou clérical d'une institution[15]. » Tout en prenant leurs distances avec Mgr Simon, des penseurs et des historiens s'interrogent sur l'avenir du christianisme en France. Ils attirent l'attention sur d'autres indices que ceux du déclin et montrent que la situation des catholiques dans la société française d'aujourd'hui comporte des chances qu'il importe de saisir.

Allons-nous vers un Québec païen ? Je n'ose pas faire de pronostic et je ne voudrais pas être défaitiste, encore moins mettre l'Église en accusation. On parle beaucoup du déclin de la situation religieuse d'ici. Le constat est dressé et on tente sérieusement de comprendre l'effondrement rapide de la pratique religieuse et des vocations. Mais on se limite encore trop à déplorer la situation, à chercher et à identifier les causes, à trouver des coupables : on n'ose pas prévoir les retentissements pour l'avenir. L'Église, comme institution, est en train de s'effondrer et des contrecoups sont à prévoir. Le Québec sera-t-il catholique dans 30 ou 50 ans ? On ne peut pas demeurer catholique longtemps sans une pratique liturgique, sans une catéchèse bien adaptée aux enfants et aux jeunes, sans un message crédible, sans un « personnel » bien préparé. Le christianisme n'est pas héréditaire et on doit donner

---

[15] Jean-Claude GUILLEBAUD, « La question païenne », dans *Cahiers de l'Atelier*, n° 494, 2001, p. 35.

raison à la maxime de Tertullien, l'un des premiers théologiens laïques du IIIe siècle : « On ne naît pas chrétien, on le devient[16]. » En effet, le christianisme n'est pas qu'une sagesse ou une morale, mais un événement, mieux, une expérience de foi personnelle et communautaire. Et l'Église d'ici a de moins en moins le personnel requis, prêtres, religieuses, agentes et agents de pastorale, pour assurer la transmission du message évangélique et, surtout, pour faire vivre des expériences de foi.

Retour du « religieux » non chrétien

Les études de sociologie parlent d'une « revanche de Dieu » et d'un « retour du religieux » qui n'est pas nécessairement chrétien. On constate la présence de nouveaux mouvements religieux et de sectes d'une grande diversité d'inspirations. Certaines sont d'inspiration évangélique, d'autres marquées par les religions orientales, sans compter celles de type cosmique, psychologique et social. Ce que je déplore, ce n'est pas la présence de tous ces mouvements à ne pas mettre à la même enseigne. Des personnes peuvent parfois vivre une expérience spirituelle ou intérieure de qualité et une transformation de leur vie en se joignant à l'un de ces mouvements d'inspiration évangélique. Toutefois, il est important de constater que ces groupes révèlent les symptômes d'un phénomène beaucoup plus profond : l'absence de critères et de discernement dans le domaine religieux. Sous prétexte de tolérance et d'ouverture d'esprit, on ne développe pas une mentalité critique et on devient ainsi perméable à tout ce qui est présenté avec conviction, parfois même à ce qui est ésotérique, pour ne pas dire bizarre. À un moment où triomphent les sciences et les technologies, il est étonnant de constater que des personnes très compétentes dans ces domaines puissent être si naïves et se

---

16 « *Fiunt, non nascuntur Christiani* ». Cette formule de Tertullien, presque toujours citée sans référence, se retrouve dans *Apologeticum*, 18, 4 (CCL 1, p. 118); *De testimonio animae* 1, 7 (CCL 1, p. 176).

laisser berner aussi facilement par le message de mouvements comme celui de l'Ordre du Temple Solaire ou des Raëliens. L'adhésion à ces groupes s'explique par l'attrait du merveilleux, du magique, de la transgression, et par la promesse assurée d'un bonheur ou d'une réussite enfin accessibles et réservés à une élite.

En constatant l'évolution récente des mentalités, il nous faut admettre qu'un certain religieux païen, aux consonances chrétiennes, s'installe chez nous. Pensons aux nouveaux rites et au sens des fêtes du calendrier qui sont en train non seulement de se séculariser mais de refléter un paganisme cosmique. Même si l'un des jours de la semaine porte encore le nom de dimanche (*dies dominica,* jour du Seigneur), il est remplacé par le *week-end* qui n'a aucune résonance chrétienne. Pâques est devenue la fête du réveil de la nature après le long hiver. Pour bien des enfants, c'est la fête des lapins qui pondent des œufs en chocolat. On est loin de la résurrection de Jésus! Noël devient la fête de l'hiver et du père Noël, de plus en plus associée au soleil qui renaît. La fête de Noël avait remplacé au VIe siècle la fête païenne du Soleil victorieux. À cause de l'histoire de la naissance de Jésus qui habite encore la mémoire des gens, on fait aujourd'hui de Noël une fête des enfants et de la famille, mais en oubliant le sens de la naissance du Fils de Dieu dans notre monde. On continue à chanter les chants de Noël, mais sans prêter attention à leur message, comme on chante du folklore. Avec le personnage du père Noël, le bon vieillard qui vient saturer nos désirs et nous infantiliser, nous sommes loin de l'Enfant de Bethléem, un enfant pauvre qui nous invite à devenir responsables de son avenir et du nôtre. Une autre fête qui prend de l'ampleur en automne : l'Halloween. C'est la fête des revenants et des fantômes qui font peur aux enfants. On est loin de la Toussaint qui nous rappelait que les saints et saintes sont bien vivants et qu'ils veillent sur nous! Avec les significations nouvelles que les gens sont en train de donner aux diverses fêtes, il faudrait se demander sérieusement quelle vision du monde, de la personne et de l'avenir elles transmettent aux générations présentes qui s'éloignent à grands pas du christianisme. L'Église d'ici n'arrive plus à assurer la signification chrétienne des grandes fêtes du calendrier qui ont tellement marqué notre culture.

Dans la société actuelle, nous constatons l'émergence d'un nouveau corps d'intermédiaires du sacré. Avec l'intérêt grandissant pour l'astrologie et le Nouvel Âge, on recourt à un « nouveau clergé » : gourous, prétendus maîtres en spiritualité, supposés connaisseurs des parasciences, qui se prononcent sur les questions les plus vitales de l'existence avec une autorité et une certitude qui dépassent celles des clercs de jadis. Mentionnons également la mode — oui, il s'agit bien d'un engouement — de recourir à de nouveaux « clercs », parfois même reconnus par l'État, pour la célébration des naissances et des mariages. On peut par exemple leur demander un mariage, qui sera célébré sur les berges d'un lac ou dans un chic manoir, avec des rituels et des costumes de druides ou encore de chevaliers et de nobles dames du Moyen Âge. Pour les funérailles, plusieurs recherchent un rituel laïc parce qu'ils s'opposent à leur célébration dans une église qui évoque trop une époque d'obscurantisme révolue ou de valeurs qui ne doivent plus être prônées. Avec ces nouvelles pratiques, il est évident que le Québec prend le chemin d'une certaine paganisation. L'Église n'a plus le monopole des célébrations des saisons de la vie et des grands événements. Elle doit faire face à la concurrence, même pour les rituels des grands moments de l'existence.

L'affaiblissement social du christianisme, accompagné du développement de formes alternatives de religiosité, montre clairement la fin de la présence et de l'influence d'un « type » d'Église, mais non nécessairement de l'Église et encore moins du christianisme. On ne peut nier cependant le fait que bien des gens d'ici s'habituent à des manières différentes de faire « leur religion » et à un spirituel pas forcément chrétien. En mesure-t-on les conséquences et les implications non seulement pour l'Église mais pour l'humanisme qu'on prétend défendre?

Une Église en exil?

On recourt souvent au thème biblique de l'Exil du peuple de Dieu pour décrire la situation présente de l'Église et aussi pour donner à ses membres la confiance en son avenir[17]. De nos jours, comme au temps de la déportation du peuple juif à Babylone, l'exil, on ne le choisit pas, on est contraint de le supporter et de le vivre. Dans le rapport de leur visite *ad limina* en 1983, les évêques du Québec firent appel à cette image biblique pour décrire les courants actuels dans l'Église d'ici.

En 587 avant Jésus Christ, une partie des habitants de Jérusalem sont déportés à Babylone. C'est l'un des moments les plus sombres de l'histoire d'Israël. Le peuple élu est dépossédé de la Terre promise, signe concret de la bénédiction de Dieu; son roi, le représentant de Dieu, est destitué; le Temple, le lieu de la présence divine, est détruit. Sur les bords des fleuves de Babylone, les exilés ont perdu tout ce qui faisait leur vie et leur grandeur. En plus de connaître l'hostilité, ils font l'expérience de l'abandon et du silence de Dieu. Mais peu à peu, grâce à la voix des prophètes, les exilés prennent conscience de leur péché, mais surtout ils découvrent que Dieu leur reste présent et agissant, même si le Temple est détruit et qu'ils vivent sur une terre païenne.

La déportation babylonienne, avec toutes ses conséquences, devait normalement aboutir à l'anéantissement du peuple d'Israël. Il n'en fut pas ainsi. L'exil fut certes une expérience pénible pour les Juifs, mais d'une grande fécondité spirituelle. Ce fut l'occasion privilégiée de découvrir l'originalité de leur foi et de retrouver leur identité. Ils firent l'expérience que la perte de tout peut conduire à l'essentiel : la proximité d'un Dieu compatissant et fidèle qui n'est pas lié à un temple ni à une terre. Ils pouvaient donc vivre en exil à Babylone sans pour autant perdre la foi en

---

[17] Voir Jean RIGAL, « Vivre l'exil dans un monde en crise », dans *Bulletin de Littérature ecclésiastique*, 96, 1995, p. 25-40.

Dieu et sans mettre en doute ses promesses. Les cieux nouveaux, la terre nouvelle étaient toujours à l'horizon. Les exilés découvrirent aussi que Dieu peut réaliser son dessein par l'intermédiaire d'autres nations, même païennes. En effet, c'est Cyrus, le nouveau roi des Perses, qui leur permit de retourner à Jérusalem. Yahvé n'est pas seulement le Dieu des Juifs, mais de toutes les nations qui sont elles aussi conviées au salut.

Évitons de faire un transfert hâtif de l'exil du peuple juif sur la situation actuelle de l'Église d'ici. Il reste cependant que cette référence biblique nous remet en question et nous éclaire au cœur de nos inquiétudes et de nos tâtonnements. Cette expérience de nos ancêtres dans la foi rencontre certainement un écho dans l'Église de chez nous.

Sans subir une invasion fracassante de l'extérieur, l'institution ecclésiale a perdu son aura d'antan et donne des signes indubitables de faiblesse, nous l'avons souvent montré dans la présente étude. Les murs du Temple sont en train de crouler et elle n'a plus d'ouvriers assez forts et audacieux pour les réparer ou en construire des neufs. L'Église d'ici est de moins en moins chez elle. Elle est devenue plus ou moins une étrangère dans une culture séculière qui se forme et se répand en dehors de son influence. Comme le peuple d'Israël, elle est sans moyens, dépouillée de tout. Il ne lui reste qu'à oser l'espérance et à se mettre à retrouver son Seigneur qui l'attend dans le monde en train de se construire. Elle le rencontrera, pas dans ses temples et ses institutions de jadis, qu'elle devra abandonner, mais chez les hommes et les femmes de la société moderne en quête de sens. Dans son allocution aux évêques du Québec en visite *ad limina*, le 18 octobre 1983, le pape Jean-Paul II a fait référence, lui aussi, à l'expérience de l'exil en ces termes : « Le peuple d'Israël en exil avait été arraché pour un temps à son temple et à ses institutions, mais sitôt revenu, il n'a pu se passer de reconstruire un temple et de se donner des moyens nouveaux pour vivre le mystère de l'Alliance dans un contexte différent[18]. » Par ces paroles, l'Église du Québec est encouragée dans ses efforts de prendre de nouveaux moyens pour ouvrir des voies d'avenir. L'Église ne retournera pas à Jérusalem, mais elle prendra racine, je l'espère, dans la société moderne et postmoderne et elle deviendra un grand arbre, bien différent de celui dont on garde encore trop la nostalgie.

L'exil biblique nous permet de comprendre la situation présente et nous ouvre sur l'avenir. Mais la comparaison entre l'exil du peuple juif et la situation actuelle de l'Église d'ici ne doit pas cacher le tragique de la crise que nous traversons. L'exil a été une période d'épreuve et de purification de la foi qui a finalement bien tourné. Ce désastre humain, au lieu d'être la ruine de la foi d'Israël, a provoqué un mouvement de conversion et est devenu ainsi un temps de découverte et de rencontre avec l'unique vrai Dieu. L'Église d'ici vit certainement un exil; elle n'est plus chez elle dans une société qui ne parle plus sa langue. Pour profiter de cette épreuve, il lui faudra des prophètes. Dieu certes y pourvoira, mais les écoutera-t-elle? N'ayant plus ses temples et ses institutions, osera-t-elle exprimer sa foi dans de nouveaux lieux et créer de nouvelles institutions pour remplir sa mission?

La condition actuelle de l'Église demeure inquiétante, parce que les catholiques exilés dans la société sécularisée sont peu nombreux et toujours en décroissance. La grande majorité s'y assimile et y est déjà à l'aise. Dans 25 ou 50 ans, combien en restera-t-il sur les bords du grand fleuve à chanter leur foi au Dieu qui a ressuscité Jésus? L'Église d'ici n'a pas encore profité de la grâce de l'exil. Et il est, me semble-t-il, trop tard.

---

[18] JEAN-PAUL II, « Assurer la continuité entre l'Église d'hier et celle de demain », dans *La documentation catholique*, n° 1862, 1983, p. 1022.

Une Église minoritaire en « diaspora »?

Pour comprendre l'Église d'aujourd'hui, nous faisons parfois appel à une autre réalité de la tradition d'Israël : la « diaspora ». Cette expression désigne la situation du peuple élu vivant dispersé parmi les païens, hors de la Terre promise. Elle exprime le drame de la dispersion du peuple juif à travers le monde, à la suite de la destruction de Jérusalem et du Temple, en 70, par les armées romaines. Appliquée aux chrétiens, la diaspora signifie que nous passons d'une Église forte, rassemblée et nettement identifiée, à une Église dont les membres sont dispersés, soit dans les grandes villes anonymes, soit dans des milieux de moins en moins chrétiens. Depuis quelques décennies, on prend conscience que les catholiques sont disséminés au milieu d'indifférents, de non-croyants, de croyants qui professent d'autres *Credo* et pratiquent d'autres religions. Ce phénomène suscite chez les catholiques le besoin de se retrouver en petites communautés et d'approfondir leur identité. Ils retrouvent ainsi le sens de la mission dans le monde d'aujourd'hui. Dispersés, ils recherchent où, quand, et comment se rassembler et vivre la communion ecclésiale. Ils sont présents et portent le témoignage évangélique dans différents milieux.

Nous prenons conscience aussi que nous sommes en situation de diaspora à l'intérieur même de l'Église. Oui, nous sommes dispersés du fait que nous ne partageons plus nécessairement les mêmes visions de l'Église et de la mission, ni les mêmes options sociales et politiques, ni la même spiritualité. Nous nous demandons alors comment manifester visiblement notre communion en Jésus Christ. Cette situation peut être ressentie comme un obstacle à la mission; par contre, elle exprime la richesse de la communion dans une même foi qui privilégie la diversité dans l'unité. La dispersion que nous expérimentons, comme aussi le pluralisme vécu à l'intérieur de l'Église, exigent que soient renforcés les liens de communion et que des lieux existent où les chrétiens et les chrétiennes puissent se reconnaître comme des membres à part entière de la même Église.

Des théologiens, tels que Karl Rahner, ont déjà annoncé que le christianisme, du moins dans plusieurs pays d'Europe, deviendrait minoritaire, qu'il serait un grain de sénevé, ou encore le sacrement discret du salut en Jésus Christ. Imaginant l'Église de demain, le cardinal Ratzinger lui-même affirme avoir prévu, dès les années 70, « qu'elle deviendrait petite, que ce serait un jour une Église des minorités, qu'ensuite elle ne pourrait pas subsister dans ses grands espaces, ses vastes organisations, mais devrait s'organiser de manière plus modeste[19] ». Selon le cardinal Ratzinger, « c'est justement en un siècle de christianisme quantitativement réduit que ce même christianisme, devenu plus conscient, peut être à nouveau vivifié[20] ». Sans oser faire des prophéties concernant l'avenir, il souscrit à l'idée que « le christianisme est toujours en état de nouveau commencement ». Il ajoute : « De tels commencements existent déjà et il continuera à y en avoir. Et ils produiront de nouvelles et vigoureuses formes de vie du christianisme[21]. »

Je partage, on s'en étonnera peut-être, ces propos à la fois réalistes et clairvoyants du cardinal Ratzinger. Je me permets cependant d'ajouter que l'Église est infidèle à sa mission quand elle ne prend pas les moyens nécessaires et possibles non seulement d'enrayer son déclin, mais d'évangéliser toutes les nations et toutes les dimensions de l'humanité. Il n'est pas sain de justifier nos refus de prendre les orientations et les décisions qui s'imposent en nous appuyant sur la spiritualité de la kénose,

---

[19] Cardinal RATZINGER, *Le sel de la terre. Le christianisme et l'Église catholique au seuil du IIIe millénaire. Entretiens avec Peter Seewald*, Paris, Flammarion/Cerf, 1997, p. 246.

[20] Cardinal RATZINGER, *Le sel de la terre*, p. 259.

[21] Cardinal RATZINGER, *Le sel de la terre*, p. 259-260.

du Samedi saint, du grain de sénevé et du sel de la terre. Dans la société sécularisée et pluraliste de ce temps, l'Église sera certainement de plus en plus minoritaire et en « diaspora ». Ce n'est pas nécessairement un mal, car elle peut ainsi retrouver sa finalité, qui ne consiste pas à devenir coextensive à l'humanité sauvée en Jésus Christ, mais bien d'en être le signe ou le sacrement. Toutefois, il ne faudrait pas que nos orientations et nos pratiques contribuent à rendre l'Église minoritaire, sous prétexte que seul un groupe déterminé de personnes ou une institution ecclésiale peut annoncer la vérité contre vents et marées et imposer les orientations pastorales.

L'Église d'ici est en train de devenir minoritaire et marginale, même si ses institutions occupent encore visiblement une grande place. Serons-nous une Église de la « diaspora »? Oui, si la tendance se maintient. Il faudrait alors mettre en œuvre une autre pastorale et favoriser une nouvelle approche de la mission.

Les derniers moments d'une Église

La littérature des trente dernières années sur le christianisme et l'Église révèle clairement un malaise profond et une crise sérieuse. À eux seuls, les titres de plusieurs ouvrages montrent que quelque chose ne va plus. Il s'agit beaucoup plus que d'un genre littéraire ou encore d'une mode. En voici quelques-uns avec leurs auteurs : G. Bourgeault, J. Caron, J. Duclos, *L'Église s'en va chez le diable*, 1968; L. Bouyer, *La décomposition du catholicisme*, 1968; J. Marny, *L'Église contestée*, 1968; R. Serrou, *Tempête sur l'Église*, 1969; H. de Lubac, *L'Église dans la crise actuelle*, 1969; Y. Congar, *Au milieu des orages*, 1969; H. Denis et J. Frisque, *L'Église à l'épreuve*, 1969; F. Houtard, *L'éclatement d'une Église*; R. Dulong, *Une Église cassée*, 1971; M. de Certeau et J.-M. Domenach, *Le christianisme éclaté*, 1974; É. Poulat, *Une Église ébranlée (1939-1978)*, 1980; P. Arnold, *Une Église à tous vents*, 1985; J.-C. Petit et J.-C. Breton (sous la dir. de), *Le christianisme d'ici a-t-il un avenir?*

Questions posées à nos pratiques, 1988; M. Clévenot, *L'Église perd la raison*, 1990; M. Bellet, *L'Église morte ou vive*, 1991; J. Rigal, *L'Église en chantier*, 1994; É. Poulat, *L'Ère post-chrétienne*, 1994; J.-M.-R. Tillard, *Sommes-nous les derniers chrétiens?*, 1997; R. Rémond, *Le christianisme en accusation*, 2000; G.A. Arbuckle, *Refonder l'Église. Dissentiment et leadership*, 2000; A. Rouet, *La chance d'un christianisme fragile*, 2001; A. Gouzes, *Une Église condamnée à renaître*, 2001; *Le christianisme a-t-il un avenir?* (sous la dir. de P. Baud), 2001.

Pour avoir une juste idée de l'ecclésiologie récente, il faudrait certes ajouter les titres de plusieurs autres ouvrages plus sereins. Il reste que des auteurs, et non les moindres, parlent de *déclin*, de *crise*, de *décomposition*, d'*orage*, d'*éclatement*, de *déchristianisation massive*, de *christianisme éclaté et minoritaire*, de *fin de la religion*, de *derniers chrétiens*. L'historien réputé Jean Delumeau est allé jusqu'à intituler l'un de ses livres, publié il y a vingt-cinq ans : *Le christianisme va-t-il mourir?*[22] Plus récemment, Jean-Marie Ploux a publié *Le christianisme a-t-il fait son temps?*[23] Ces deux titres, qui suscitent l'inquiétude, comprennent un point d'interrogation. Pouvons-nous l'omettre? Il n'est pas question d'être pessimiste ou optimiste, mais nous avons plus que jamais raison d'être inquiets. En regardant ce qui se passe dans l'Église et la société depuis quelques décennies, nous ne pouvons plus taire la question de l'avenir de l'Église et dissimuler le constat auquel nous sommes conduits.

Nous faisons tous, un jour ou l'autre, l'expérience que nous arrivons à vivre avec des maladies et des handicaps qui nous affligent. Avec du courage et de bons soins, nous trouvons assez d'énergie pour faire notre travail et être utiles à notre famille et à la société. En faisant tout pour retarder son échéance, nous ne

---

[22] Paris, Hachette, 1977.

[23] Paris, Les Éditions de l'Atelier/Les Éditions Ouvrières, 1999.

pouvons toutefois pas éviter notre départ définitif vers l'autre rive. Selon notre foi, c'est l'heure d'un passage et d'un nouveau commencement qui nous attend, mais aussi une fin définitive, sans retour possible. Nous sommes devant l'inconnu.

Depuis ses origines, l'Église, comme toute personne, a connu des moments de croissance et de réussite, mais aussi des reculs, des échecs, des crises. Dès les environs de 150, Hermas, un ancien esclave devenu chrétien, la décrit déjà comme une « une vieille femme en habits resplendissants, tenant un livre entre ses mains[24] ». Vieille femme que l'Église de ce temps-là! Et pourtant elle a l'audace d'être prophétesse en adressant à l'esclave Hermas cette parole qui le transforme : « Sois un homme, Hermas. » Autrement dit, elle l'invite à être libre. Il faut bien reconnaître la réalité, du moins en Occident, d'une Église vieillissante, minoritaire, en crise, dont l'avenir est plus qu'incertain. Même si l'avenir appartient à Dieu, il y a, à vue humaine, des signes qui annoncent la fin d'une Église. En considérant lucidement ce qui se passe dans l'Église d'ici, nous ne pouvons plus prétendre qu'il ne s'agit que d'une mauvaise passe et qu'elle saura, une fois de plus, s'en sortir. Nous sommes les témoins — pour ne pas dire les acteurs — de la fin d'une Église qui a tant marqué notre pays. Est-elle donc engagée dans la phase terminale de son existence? La réponse à cette question m'est devenue claire : « Oui, c'est la fin d'une réalisation d'Église. »

On pourra peut-être m'accuser d'accorder trop d'importance aux difficultés présentes, de les exagérer, de ne pas les situer dans un horizon plus vaste et, surtout, de ne pas faire ressortir les signes d'une nouvelle vitalité ou d'un renouveau. Comme devant toute mort, il est difficile d'accepter la fin d'une Église que nous avons aimée et servie. Car il faut l'admettre : l'Église d'ici vit ses dernières heures. Ce n'est certes pas la fin de l'Église, encore moins du

---

24 HERMAS, *Le pasteur. Vision* I, 4, 3, dans la collection *Sources chrétiennes*, 53 bis, p. 87.

christianisme et de l'Évangile, mais la fin de cette Église, liée intimement à notre histoire, avec ses institutions, son clergé, son autorité. Maurice Bellet constate la fin d'une forme de christianisme et il l'exprime dans des termes à la fois durs et réalistes : « Quelque chose meurt : et nous ne savons pas jusqu'où cette mort descend en nous[25]. »

Ce constat, qui est de plus en plus évident, il faut oser l'admettre, le déclarer et en mesurer les implications. Tenant compte de la baisse continuelle des pratiquants et des vocations au ministère presbytéral, il est devenu concrètement impossible de mettre en œuvre de nouvelles pratiques qui apporteraient un sursaut de vitalité aux communautés chrétiennes dans le contexte d'aujourd'hui. Même si nous élaborions les stratégies pastorales les plus adaptées au monde moderne, l'Église d'ici n'a plus le personnel pour les réaliser. Quand les murs d'une maison sont lézardés, quand les charpentes ne tiennent plus, quand les fondations sont ébranlées, il n'y a plus rien à faire, surtout si on n'a pas les possibilités de recourir à une main-d'œuvre adéquate et à de nouveaux matériaux. L'entrepreneur expérimenté dira : « Les travaux de rénovation, il aurait fallu les entreprendre il y a 20 ans; maintenant, il est trop tard. » C'est pourquoi il faut éviter d'entretenir des rêves d'une remontée des vocations, d'un retour éventuel à la pratique liturgique, d'un renouveau des communautés chrétiennes. Depuis quelques années, on a développé tout un discours sur l'urgence de l'évangélisation. Concrètement, qui peut entreprendre cette tâche? Cet appel pressant n'a pas suscité des cohortes d'évangélisateurs et nous n'en avons plus les moyens.

Je me permets ici de rapporter une expérience de réflexion communautaire que la congrégation des Oblats de Marie Immaculée, dont je suis l'un des membres, vit actuellement sur le

---

[25] Maurice BELLET, *La quatrième hypothèse. Sur l'avenir du christianisme*, Paris, Desclée de Brouwer, 2001, p. 17.

thème : « Pour une immense espérance ». Chacune des communautés locales tente de mieux saisir les besoins et attentes de la société et de l'Église. La réflexion est menée avec sérieux; les projets ne manquent pas. Mais sur les 242 Oblats que compte la province oblate concernée, à l'hiver 2002, combien sont disponibles et capables de mettre en œuvre de nouvelles initiatives d'évangélisation sur le terrain? Il faut nous rendre à l'évidence : les ouvriers pour la mission sont très peu nombreux, notre moyenne d'âge est de 75, 2 ans. Les projets répondent pourtant à des urgences réelles et sont des plus nécessaires pour l'Église. Concrètement, nous ne pouvons pas les réaliser, à l'exception de l'un ou l'autre, afin de nous donner un peu d'espérance. Il faut donc nous résigner à vieillir avec sérénité, insister davantage sur l'être que sur le faire, prier avec espérance et être missionnaires à la manière de la petite Thérèse. Nous ne pouvons plus prendre la route pour aller annoncer l'Évangile, comme cela était possible autrefois. Cette situation, qui n'est pas propre aux Oblats, reflète la pauvreté des communautés religieuses et de l'Église d'ici. Mais tandis que nous nous résignons à la fin de notre mission au Québec, des communautés de jeunes oblats naissent et se développent dans d'autres parties du monde où nous étions missionnaires. La congrégation des Oblats continuera certainement à vivre le charisme de saint Eugène de Mazenod, mais sans nous. C'est donc le temps de l'espérance radicale.

* * *

L'Église d'ici vit ses derniers moments. La majorité des évêques, des prêtres et des laïcs engagés en sont conscients. Ils continuent à tenir le coup et à exercer leur ministère avec générosité et courage. Ils entretiennent du mieux qu'ils le peuvent la vitalité de leurs communautés, sans réussir à mettre un frein au déclin de la foi chrétienne et, surtout, sans avoir l'énergie d'entreprendre des projets jugés nécessaires. Pour le christianisme, le temps d'un nouveau départ est venu. C'est ce qu'affirmait déjà Teilhard de

Chardin en 1933 : « À force de répéter et de développer abstraitement l'expression de nos dogmes, nous sommes en train de nous perdre dans des nuées où ne pénètrent plus les bruits ni les aspirations ni la sève de la Terre. [...] Après bientôt deux mille ans, il faut que le Christ renaisse, qu'il se réincarne dans un Monde devenu trop différent de celui dans lequel il a vécu[26]. » Maurice Bellet reconnaît lui aussi « qu'il y a quelque chose qui finit, inexorablement », mais il ajoute aussitôt une note à la fois de réalisme et d'espérance : « Quelque chose s'annonce, et nous ne savons pas ce que ce sera. Mais c'est comme si nous étions sur la ligne de départ, à l'orée d'un nouvel âge d'humanité. Pour le pire? Pour le meilleur? Nous ne savons pas; mais c'est largement entre nos mains[27]. »

Une chose est certaine, l'Église d'ici est mourante. C'est une question d'heures. Et nous sommes cette Église.

---

[26] Pierre T̃eilhard de Chardin, *Inédit*, Tien-Tsin, Noël 1933, dans *Comment je crois*, Paris, Seuil, 1969, p. 113.

[27] Maurice Bellet, *La quatrième hypothèse*, p. 17.

Épilogue

Dans l'attente de l'improbable

> *Le christianisme va-t-il mourir ? Si par christianisme, vous entendez une idéologie parmi les idéologies qu'a connues l'âge moderne, alors sa fin est en effet possible; certains ajouteront : souhaitable. Si par christianisme, vous entendez l'Évangile comme Évangile, dans sa dimension encore inouïe, alors nous en sommes peut-être à peine au commencement.*
>
> Maurice Bellet[1]

Trop tard. Ces deux petits mots en disent long, plus que des discours interminables. Nous les employons spontanément, quand il n'y a plus rien à faire. Le « trop tard » du médecin qui constate que le cancer de son patient est grave et avancé; celui de l'employeur qui vient juste d'embaucher une personne pour un poste que le chômeur sollicitait; celui de l'épouse qui décide de se séparer d'un mari qui n'arrive plus à se prendre en main. Oui, il y a des « trop tard » qui expriment une situation finale et irréversible.

Nous avons assez souvent tendance à embellir le passé et à exagérer les problèmes actuels. Nous ne pouvons plus toutefois

---

[1] *La quatrième hypothèse*, p. 51.

fermer les yeux et refuser de reconnaître les changements profonds de la société et de l'Église d'aujourd'hui. Cette dernière traverse un moment critique. L'Église, en effet, n'influence presque plus la vie familiale, n'inspire plus les arts et la culture, marque peu les orientations sociales et politiques de nos sociétés. Elle apparaît comme une institution qui fonctionne de peine et de misère, sans grande profondeur. L'indifférence et l'irritation à son égard ne cessent de croître. À l'intérieur, ses assemblées s'amenuisent. Plus dramatique encore, elle n'arrive pas à motiver les jeunes et les adultes à consacrer leur vie au ministère presbytéral et à la vie religieuse. Nous devons admettre que nous ne vivons plus *en chrétienté*, même si nous tenons à conserver les édifices et les institutions légués par l'histoire et qui deviennent des héritages encombrants. Toute une réalisation de l'Église d'ici s'effondre. C'est la fin.

Trop tard? Tout change avec le point d'interrogation. Par cette question, le malade ne désespère pas totalement du diagnostic que le médecin vient de lui communiquer; le chômeur est encore confiant d'obtenir l'emploi sollicité; le mari inconstant laisse entendre que son épouse lui donnera peut-être une autre chance. Trop tard? C'est le sens du titre donné à cet essai : tout en exprimant la situation tragique de l'Église d'ici, il ouvre discrètement une porte sur un possible avenir.

La plupart d'entre nous n'acceptent pas d'être les spectateurs passifs du fossé qui s'élargit entre l'Église et la société d'ici. Cette situation, bien qu'elle soit pénible, peut être une grâce étonnante pour l'Église. Nous gardons la conviction que l'Église de demain sera toujours l'Église du Christ, mais autrement. Nous sommes à la croisée des chemins : choisirons-nous la route de l'impasse ou celle qui conduit vers de nouveaux horizons? Un chantier immense s'ouvre et plusieurs d'entre nous sont prêts à réaliser ce que Jésus demandait à Pierre, qui avait passé toute la nuit sans rien prendre : « Avance en eau profonde et jetez vos filets pour attraper du poisson » (*Luc* 5, 4). Comme pour Abraham et Sara, nos ancêtres dans la foi, il nous est demandé de quitter un monde qui nous est familier et de mettre notre confiance dans le Dieu de la promesse qui, dans sa fidélité, tient à venir habiter chez nous. En arrière, nous savons ce que nous quittons. En avant, l'avenir nous échappe encore, à la fois insaisissable et attirant.

L'Église d'ici vit certes ses derniers moments et, très bientôt, on n'arrivera plus à prolonger ses jours. Comme devant tout départ définitif, les réactions sont différentes, toujours révélatrices des personnes. La mort provoque des moments de vérité. On la considère, avec raison, comme une victoire du non-sens et des ténèbres, mais elle est aussi lumière. Un peu comme celle de l'aurore d'un matin brumeux.

Pour certains, la fin de l'Église d'ici est la libération de l'obscurantisme qui aurait tant brimé leur liberté et retardé leur épanouissement. Enfin, ils peuvent être eux-mêmes! Pour d'autres, l'Église moribonde d'ici ne sera très bientôt qu'un souvenir. Ils prononcent déjà son éloge funèbre en évoquant, avec un peu de nostalgie, son rôle dans notre histoire et dans l'avènement de la modernité. D'autres encore se voient entrer dans une ère nouvelle. Il y a suffisamment de données pour les inquiéter sur l'avenir de l'Église. Mais selon eux, le surgissement de la nouveauté et de l'inédit est toujours possible, car l'Évangile, accueilli dans un sol nouveau, peut donner encore « trente pour un, soixante pour un, cent pour un » (*Marc* 4, 8). En dépit de sa propre fragilité, l'Église demeure porteuse d'une Parole de salut.

Je suis de ceux et de celles qui gardent confiance en l'Évangile, cette parole inouïe que nous n'avons jamais fini d'écouter.

Il y a de l'avenir

J'écris les dernières pages de cet essai en mai. Même si le mois est froid et maussade, les tulipes se montrent plus gracieuses et éclatantes que jamais; les lilas et les pommiers sont en fleurs; les arbres, même les plus tordus et les plus vieux, se couvrent de vert aux nuances variées. Celui qui n'a pas connu les printemps d'ici ne pourrait jamais imaginer, au cœur de l'hiver, que tout reprendra vie en mai.

Je viens de faire mon jardin. D'année en année, j'ai l'impression que les semences deviennent plus petites et mes doigts, moins délicats. Quelques pincées de graines suffisent. Et peut-on imaginer qu'on mangera concombres et carottes en août? Que de vie et de dynamisme dans ces minuscules graines! On bêche la terre, on met de l'engrais, on arrose, mais surtout on fait confiance à la semence. Semer est toujours un geste d'espérance. C'est comme donner la vie. Dans l'Église d'ici, le temps des semailles est arrivé. Nous ne manquons pas de semences de première qualité : le message de Jésus, une force discrète mais pleine de promesse de vie et d'avenir. Par bonheur, il y a encore plein de bonne terre, le plus souvent en friche.

L'avenir de l'Église est déjà commencé. Il se prépare discrètement et parfois, il faut en convenir, loin des décisions officielles. Il est possible que nous vivions un retour d'exil, mais non un retour à l'Église que nous connaissons : elle sera bien différente de l'image qu'évoque aujourd'hui le mot Église. Je ne reconnais guère l'Église de mon enfance dans celle d'aujourd'hui, mais celle-ci ne ressemble pas beaucoup à ce que fut l'Église de la première génération chrétienne. L'Église est chargée d'un fardeau de choses qui ne sont pas vraiment les siennes. Et l'Église de demain? Lorsqu'elle sera dépouillée de son fardeau, certains pourront déclarer, sur les seules apparences, qu'elle a cessé de vivre. En fait, elle se retrouvera. Universitaire devenu paysan pour mener une vie chrétienne plus intense, Marcel Légaut a acquis la conviction, dès les années 70, que l'heure des changements longtemps refusés approche et qu'il « ne restera au christianisme que ce qu'il est essentiellement, grâce à la valeur spirituelle de ses membres, disciples de Jésus de Nazareth ». Il lance cet appel : « Que l'Église sache encore se reconnaître et ne pas perdre cœur quand elle se verra nue et écorchée, car c'est alors qu'elle attirera à elle tous les êtres dignes de leur humanité[2]. »

J'ignore quel visage aura l'Église du troisième millénaire. Malgré les tentations de scepticisme ou même de défaitisme, il ne faut pas perdre espoir. L'Église qui se lève d'en bas finira bien par se répandre et s'épanouir vers le haut. Elle est déjà en train de germer ici. Nous avons toutes les raisons d'espérer dans l'Église de demain, car « celui qui croit en moi, dit Jésus, fera lui aussi les œuvres que je fais; il en fera même de plus grandes, parce que je vais au Père » (*Jean* 14, 12). Avec son départ et le don de l'Esprit, Jésus nous assure que l'œuvre du salut s'étendra et s'approfondira dans l'Église et le monde. C'est pourquoi nous mettons notre confiance en ce Dieu qui a relevé Jésus de la mort et qui a pris en main l'avenir de l'humanité et de l'Église.

Mais cet avenir nous est inconnu, sans visage et encore sans nom : « Nous n'en savons décidément qu'une chose : c'est qu'il sera *autre* que ce que nous sommes en mesure de nous représenter[3]. » Nous ne pouvons pas prévoir l'avenir qui « ne sera pas qu'un aujourd'hui agrandi et meilleur[4] », mais nous pouvons l'inventer en fidélité aux appels nouveaux de l'Esprit. Ne recourons pas cependant qu'à la seule prospective pour décrire l'avenir de l'Église, car il est encore trop tôt pour imaginer son devenir à partir de quelques événements présents. Cet avenir dépend certainement de nous, pour une part, même si l'Esprit souffle où

---

[2] Marcel LÉGAUT, *Introduction à l'intelligence du passé et de l'avenir du christianisme*, Paris, Aubier Montaigne, 1970, p. 400-401. Nous avons encore beaucoup à apprendre de cet auteur. Voir Pierre GOUDREAULT, *L'Église de demain dans l'œuvre de Marcel Légaut. Les communautés de foi*, Montréal, Fides, 1999, p. 23-64.

[3] Marcel GAUCHET, *Le désenchantement du monde. Une histoire politique de la religion*, Paris, Gallimard, 1985, p. 267.

[4] Marcel GAUCHET, *Le désenchantement du monde*, p. 266.

il veut. Pourquoi ne pas nous ouvrir tout grand à son souffle, comme la voile dans le vent sur un lac immense?

Selon les données de l'histoire, l'Église est entrée plus d'une fois à reculons dans l'avenir, en se fixant au passé pour être sûre de lui rester fidèle. Cette attitude ne posait pas tellement de problème à un moment où tout allait plus lentement qu'aujourd'hui. Mais dans la modernité, les changements se succèdent à une cadence accélérée. L'Église finit toujours par changer, mais ce n'est pas sans trébucher et sans retard. Elle a peine à se désinstaller de ses sécurités pour accepter d'être un peuple en marche, nomade dans l'histoire.

Faillite d'une Église et fécondité de l'Évangile

Dans son dernier ouvrage, Maurice Bellet lance avec sérénité une piste d'avenir pour le christianisme[5]. C'est un peu comme son testament, à l'heure du soir. Il atteste ce qu'il croit envers et contre tout et livre sa conviction la plus intime sur la situation présente du christianisme, du moins en Occident. Il s'agit certainement de l'un des livres les plus éclairants et stimulants sur l'avenir de l'Église, dont on aurait avantage à discuter en groupe, comme le suggère l'auteur. Son ouvrage ne vise pas tant à informer qu'à être un « pré-texte », « c'est-à-dire qu'il invite chacun à se risquer dans sa parole et sa pensée propre[6] ».

La ruine du christianisme, selon Bellet, peut être pensée selon différents scénarios ou hypothèses qui se superposent. Il y a d'abord l'hypothèse d'une *disparition* du christianisme, et avec lui du Christ de la foi, au profit d'un règne de la raison. Il n'en reste que les monuments, les œuvres d'art et peut-être quelques traces

---

5 Maurice Bellet, *La quatrième hypothèse*.

6 Maurice Bellet, *La quatrième hypothèse*, p. 8. L'auteur propose (p. 125-134) une sorte d'exercice à faire en groupe ou en particulier.

dans l'inconscient collectif. La deuxième hypothèse est celle d'une *dissolution*. Les « valeurs chrétiennes », comme le respect de la personne, la dignité des pauvres, le soin des malades, demeurent, mais assimilées en quelque sorte à la culture actuelle. Jésus devient alors un sage ou un maître spirituel parmi tant d'autres, sans plus. Vient ensuite l'hypothèse d'une *continuation*, où l'on tente de tenir compte des contestations et de s'y accommoder en favorisant une restauration, en faisant un pas à droite et un pas à gauche. On évite ainsi d'aborder de front les vrais problèmes du système ecclésial et on accorde encore un primat à la défense des institutions plutôt qu'à la vérité et à l'authenticité des attitudes. Enfin, dans la *quatrième hypothèse*, titre qu'il donne à son ouvrage, Bellet accepte de tenir ensemble un constat de faillite du christianisme et une foi sans borne dans l'avenir de l'Évangile toujours apte à faire jaillir une certaine forme de vie. Alors le moment est venu d'accepter que cette vie rejaillisse de la mort.

Tout au long de son ouvrage, consacré à cette quatrième hypothèse, Bellet montre que l'Évangile est une bonne nouvelle jamais épuisée pour la vie des humains. Nous entrons dans un nouvel âge de l'humanité qui permettra à l'Évangile d'être, une fois de plus, la parole inaugurale, ouvrant un nouvel horizon de vie. Il nous faut donc accepter d'être écartelés entre la conviction profonde que l'Évangile est toujours la Bonne Nouvelle et la disparition d'à peu près tous les repères qui ont jusqu'à présent permis sa manifestation. La réponse à la crise actuelle du christianisme, Bellet ne la puise pas dans la philosophie ni dans les sciences humaines. Sa démarche est avant tout mystique. Il montre que l'Évangile, parole créatrice et recréatrice, est l'annonce d'un amour « originel » qui peut transformer les mentalités, même anonymement, et faire advenir un nouvel humanisme. Cette nouveauté ne sera pas accouchée sans douleur, mais la souffrance comporte une certaine fécondité. La source de cet amour est le mystère même du Dieu vivant, un mystère qui ne peut vieillir et qui engendre sans cesse une humanité nouvelle.

L'un des mérites de la réflexion de Bellet est de rappeler la fécondité du message d'amour de l'Évangile qui peut toujours être accueilli par une humanité délivrée de ses préjugés et de ses sécurités. Même si nous constatons la faillite d'une forme de christianisme, nous ne sommes pas sans espoir. Ouvrant devant nous un vaste chantier, Bellet refuse d'apporter une conclusion à son ouvrage : « Le dernier mot, c'est donc une invitation pressante, à quiconque s'est senti proche de ce que j'ai évoqué, à se mettre en route, à trouver des compagnons, à créer, créer la vie neuve, dans l'écoute retrouvée de cette parole qui ouvre et donne sans mesure[7]. »

Des chemins d'avenir

En m'inspirant de la quatrième hypothèse de Maurice Bellet, je me permets de la développer et de la concrétiser dans le contexte d'ici, en tenant compte des expériences de diverses communautés chrétiennes. On verra, je l'espère, que je suis loin de dire adieu à l'Église. Sans dissimuler le tragique de la fin d'une certaine Église, il est encourageant de constater que des communautés chrétiennes sont en train d'édifier celle de demain. Elles prennent des chemins pas toujours clairement tracés, mais prégnants d'avenir. En voici quelques-uns. C'est une carte dessinée à grands traits lors de mes randonnées dans l'Église d'ici.

Le chemin de la coresponsabilité

Ici et là, des prêtres, des agentes et agents de pastorale optent pour la coresponsabilité et mettent en œuvre une conception de l'Église où le « nous » des baptisés est reconnu, où la diversité des ministères est exercée. On distribue les tâches et on fait appel aux charismes de ses membres, surtout à ceux des femmes, pour assurer la vitalité de la communauté. Des laïcs, hommes et femmes,

---

7   Maurice BELLET, *La quatrième hypothèse*, p. 140.

deviennent serviteurs de la Parole de vie et semeurs d'Évangile. Ils inventent un « nouvel art » de vivre la foi en Église. Le ministre ordonné signifie que tout vient du Christ ressuscité; la coresponsabilité rappelle que nul n'est le centre de gravité de la communauté. Ce regard de foi des uns et des autres n'élimine pas toutes les tensions, mais il permet d'édifier le « vivre ensemble » des chrétiens et des chrétiennes et d'envisager l'avenir avec confiance. On ne se rend pas toujours compte qu'une nouvelle figure d'Église est en train de naître, plus fraternelle et plus participative.

Le chemin de la communauté

Depuis quelques années, on se rend compte que la paroisse ne doit plus se concevoir sur le modèle d'un centre commercial ou d'une station-service qui cherche surtout à offrir des services religieux où les gens viennent à l'occasion pour faire le plein. La paroisse favorise d'abord la communauté et l'éclosion de divers types de communautés ou de réseaux où chacun des membres se sent à l'aise : groupes de prière, communautés de foi, mouvements. Dans ces groupes, la parole de foi circule et on essaie de vivre la charité dans le concret de la vie. Ainsi se développe un sens de l'appartenance à la communauté chrétienne qui va au-delà des structures et des organisations. Cette dernière n'est pas cependant un nid douillet, ni un abri confortable, encore moins un club privé, car elle tente de vivre l'Évangile, qui ne permet jamais de s'installer une fois pour toutes. À la longue, cette communauté rendra visible l'Église de demain, le Corps du Christ.

Le chemin de village en village

De nos jours, on apprécie les autoroutes réservées à la circulation rapide. Elles nous permettent de gagner du temps, mais pas nécessairement d'admirer les paysages et de découvrir les beaux villages de nos régions. Dans l'Église, nous optons trop souvent pour une gestion rentable et efficace; nous visons à de grands ensembles bien organisés. Mais il m'arrive de rencontrer des prêtres, des animateurs et animatrices de pastorale qui préfèrent emprunter les routes secondaires, et même les « chemins de terre », qui sont de plus en plus rares. Ils font l'expérience que la vraie vie jaillit là où les hommes et les femmes vivent, travaillent, peinent, se réjouissent. De plus en plus, ils ont la conviction que l'Église de demain ne germera pas dans les vastes plaines à l'allure anonyme, mais plutôt dans les champs que nous traversons à pied. L'Église de demain sera plus petite, plus simple, mais plus mobile. Elle pourra ainsi annoncer l'Évangile partout où vivent les gens.

Le chemin ouvert à tous les marcheurs

Un peu partout, encore très discrètement, je vois des gens qui décident de reprendre la route de l'Église, après l'avoir laissée pendant quelques années. On les appelle les « recommençants ». L'Église de demain est en train de se rebâtir avec eux. Elle comptera de plus en plus de convertis et de pèlerins occasionnels. Les chrétiens et les chrétiennes que l'Église a marginalisés et même abandonnés, qui sont devenus un peu des « sans-papiers », sont l'avenir de l'Église. Je rencontre des divorcés remariés qui, même s'ils sont privés des sacrements, redécouvrent la miséricorde du Dieu de l'Évangile et tiennent à réussir leur seconde union. Nous avons beaucoup à apprendre d'eux, comme de tous les distants qui ne demandent qu'à reprendre la route, à la condition qu'on enlève quelques barrières. L'Église en train de renaître sera faite de gens venus d'ailleurs, d'« immigrés ». N'oublions pas qu'aucun de nous n'est natif du royaume de Dieu, dont l'Église est le signe et l'espérance. L'avenir est du côté d'un christianisme de conversion, une religion qui ne va pas de soi et que certains découvrent ou redécouvrent au terme d'une démarche libre et personnelle.

Le chemin de l'évangélisation

Je rencontre des groupes de chrétiens et de chrétiennes, des comités de pastorale, des animatrices et animateurs de pastorale qui ne veulent plus tout investir dans une pastorale d'entretien et qui optent pour l'évangélisation dans nos milieux. Le chemin de l'Évangile ne consiste pas d'abord à répandre l'Église, mais bien Jésus et son message. Ces chrétiens tiennent à mettre en évidence le cœur de l'Évangile, trop souvent perdu dans un vaste ensemble de vérités, comme celui du *Catéchisme de l'Église catholique*. Ils ont la conviction que l'Évangile est une source intarissable de vie, mais que ses eaux se perdent dans nos préoccupations étroites d'orthodoxie et d'ordre. L'avenir est du côté de la proposition de l'Évangile aux jeunes et aux adultes. L'Église d'ici doit s'engager résolument dans l'éducation de la foi des adultes, qui deviendra son principal moyen de se perpétuer et de progresser. Ainsi renaîtra l'Église de l'Évangile.

Le chemin de la croix

Aucune communauté chrétienne ne peut échapper aux souffrances qui naissent des conflits, des discussions fortes, des entêtements de l'un ou l'autre. Tant que l'Église se composera de gens comme vous et moi, il y aura de la souffrance. De plus, elle rassemble des gens qui vivent des deuils, qui sont victimes d'injustice, qui connaissent la maladie, qui vivent des échecs dans leur vie de famille et professionnelle. Dans nos assemblées, nous n'avons pas toujours le cœur disposé à chanter des alléluias. Mais la souffrance, nous la portons plus facilement lorsque d'autres la partagent avec nous. Nous ne pouvons pas éviter la croix; avec Jésus, nous savons où elle conduit. L'avenir de l'Église est avec ceux et celles qui souffrent.

Le chemin où l'on chante

Quand le téléjournal présente des « choses » d'Église, les images ne sont pas des plus joyeuses : des funérailles, un monseigneur qui fait froidement une déclaration, une procession de cardinaux en costumes d'une autre époque, quand ce n'est pas un scandale sexuel. Heureusement qu'il y a la messe du *Jour du Seigneur* qui montre des églises remplies et des assemblées qui chantent. Il m'arrive de visiter des communautés où les chrétiens et les chrétiennes sont heureux de croire et d'être à l'église. Là, on sait accueillir; on se salue, on échange des nouvelles, on chante à pleine voix. Dans une paroisse que je connais bien, la messe familiale réunit de nombreux enfants heureux d'y participer et qui tiennent à la présence de leurs parents et grands-parents. Il y a une animation adaptée et beaucoup d'ambiance. L'avenir de l'Église est certainement du côté des communautés heureuses de célébrer leur foi.

La halte au puits de Jacob

La plupart de nos contemporains sont des Samaritains, des gens de plus en plus « schismatiques »; une Église de tendance judaïsante ne veut rien avoir en commun avec eux. Elle accumule les interdits et les obstacles pour se garder les mains et les pieds propres. Et l'Évangile ne passe plus. Jésus, pourtant, a été un « transgresseur » durant son ministère. Il s'est laissé toucher par des lépreux, par des femmes dites « impures »; il a lié conversation avec la Cananéenne, Zachée, la Samaritaine; il a guéri le jour du sabbat, comme s'il n'avait pas pu le faire un autre jour. Pour évangéliser la Samaritaine, Jésus a voulu d'abord lui demander de l'eau du puits, au village de Sychar. C'est ainsi que la Bonne Nouvelle arrive à tout homme et à toute femme depuis cette rencontre (*Jean* 4, 1-42). Je connais des chrétiens et des chrétiennes, très discrets, qui prennent le temps de s'arrêter au bord d'un puits pour demander au premier venu l'eau dont nous avons tous soif, mais que nous ne pouvons atteindre sans celui ou celle qui a en main une corde et un seau. Ils écoutent, sans juger, sans condamner. Ils éveillent une autre soif, qui est cachée en chacun, et proposent alors l'eau vive, le don de Dieu. Cette « pastorale » édifie l'Église de demain, qui sera plus enracinée que celle d'hier dans les profondeurs humaines.

Suis-je donc devenu optimiste, trop même? Non. Je suis toujours convaincu qu'une certaine Église est réellement mourante et que nous ne pouvons rien faire pour la maintenir encore vivante. Mais je ne désespère pas des catholiques d'ici, car il s'y trouve d'étonnantes ressources. Les chemins vers l'avenir ne manquent pas. Ils ne se limitent pas à mettre l'Église au goût du jour, mais à montrer qu'elle peut accompagner, par grâce, toute quête de bonheur et assurer un sens à la vie de nos contemporains. Mon optimisme est toutefois très modéré, car ces chemins sont rares et à peine tracés. Certains jours brumeux, je ne les vois presque pas, tellement ils sont peu visibles. Avec l'espérance et la foi qui m'animent, j'arrive à mieux les entrevoir. Mais que de ravins à combler, de montagnes à abaisser, de ponts à construire! Il n'est pas trop tard pour que se lève l'Église, celle voulue par Jésus, mais avec un tout autre visage. Ce sera l'aurore de l'inouï! A-t-on besoin de montrer la lumière pour qu'elle soit perçue? Non, elle s'impose d'elle-même. Mais les lueurs, faibles, diffuses, parfois éphémères, d'autres doivent nous les indiquer.

L'Église d'ici n'a pas dit son dernier mot

Plusieurs données actuelles sur l'Église d'ici peuvent nous amener à nous résigner à son déclin et même à sa disparition. Nous tentons bien de les ralentir par des efforts de restauration et des projets de réaménagements pastoraux qui sont trop souvent à courte vue, montrant que nous ne mettons pas totalement notre espérance dans le Dieu révélé en Jésus. Et si l'Église de chez nous n'avait pas encore dit son dernier mot?

Le penseur Edgar Morin, dans un article du journal *Le monde*[8], donne pour objet à l'espérance l'*improbable*. Cette affirmation nous fait réfléchir lorsque nous l'appliquons au contexte de l'Église d'ici. De fait, l'improbable s'est accompli à plus d'un moment de l'histoire, et même récemment.

Il est éclairant d'évoquer quelques événements de l'histoire. À la fin du IVe et au Ve siècle, avec l'invasion des Barbares, les chrétiens crurent que la fin du monde était arrivée. En 410, l'armée des Wisigoths, avec Alaric, incendia Rome, même la basilique du pape. Les chrétiens se demandèrent alors pourquoi les Apôtres et les martyrs, dont les tombeaux sont à Rome, n'avaient pas protégé la ville. Sur leur passage dans les principales villes de l'empire romain, les armées barbares détruisirent églises, couvents, bibliothèques. En 430, les Vandales assiégèrent Hippone, la ville d'Augustin. Ce dernier mourut, le 29 août, en pensant que c'était vraiment la fin de la civilisation et de l'Église. En 451, ce fut au tour des Huns, avec Attila, de déferler sur l'Occident. On avait toutes les raisons de croire à la fin de l'Église, mais ce fut le début d'un grand développement. L'improbable se produisit : les Barbares se convertirent et l'Église prit un nouveau visage. Peut-on imaginer qu'au XIVe siècle, la papauté s'installa à Avignon durant soixante-dix ans (1309-1376) avec des papes originaires du royaume de France? Pourtant n'étaient-ils pas les successeurs de Pierre sur le siège de l'Église de Rome? Finalement, sous la pression du peuple chrétien et à la suite des demandes pressantes de Catherine de Sienne (1387-1380), tertiaire dominicaine, les papes retournèrent à Rome. Au moment de l'arrivée des Européens en Amérique au XVe et au XVIe siècle, qui aurait pu prévoir que les pays catholiques les plus populeux de nos jours seraient le Brésil, le Mexique et les États-Unis? La France, « fille aînée de l'Église », n'est plus qu'au sixième rang, derrière l'Italie. Tout au long de son histoire, l'Église

---

8   21 avril 1993.

a plus d'une fois semblé mourante; mais elle ne meurt pas, elle change d'adresse[9].

Depuis quelques années, nous vivons des événements qui permettent de nous attendre à la réalisation de l'improbable. Nous n'avons qu'à évoquer la chute du mur de Berlin, la fin de l'apartheid en Afrique du Sud, la fin de la guerre froide, les voyages de Jean-Paul II dans des pays musulmans, la rencontre de prière à Assise rassemblant des personnes de diverses religions, l'entrée d'un pape dans une mosquée et une synagogue. Qui aurait pu prévoir ces événements il y a vingt ans? L'histoire montre donc que l'impossible peut advenir et profiter à l'Église.

Aujourd'hui, il peut paraître improbable que nos communautés chrétiennes rajeunissent et qu'elles se prennent en main, que nous retrouvions le sens du dimanche, que les chrétiens et les chrétiennes soient heureux de croire, que la foi chrétienne inspire notre agir social et politique, que l'Église renouvelle ses ministères, qu'elle rafraîchisse et démocratise ses institutions. Il peut paraître improbable que l'Église d'ici connaisse un nouveau printemps et qu'elle se donne un autre visage. Pourtant avec l'espérance chrétienne, nous pouvons nous attendre à la réalisation de l'improbable.

Dans la foi, nous savons que l'espérance chrétienne est fondée non pas sur les possibilités humaines encore inexploitées, ni sur la seule logique des événements, mais sur l'*inespéré* qui se joua à Pâques en Jésus mourant en croix[10]. Ne l'oublions pas, Pâques ouvre à l'Église et à toute l'humanité un nouvel horizon, car l'unique Dieu vivant est celui qui, en Jésus, fait de la mort, lieu

---

[9] En l'adaptant, j'emprunte cette formule de Odon VALLET, *Dieu a changé d'adresse. Propos d'un pharisien libéré*, Paris, Desclée de Brouwer, 2001, p. 126-127.

[10] Voir Christian DUQUOC, « L'inespéré. La croix n'est pas le dernier mot de Dieu », dans *Spiritus*, n° 142, 1996, p. 69-76; ID., « Signes d'espérance dans l'Église et la mission », dans *Spiritus*, n° 132, 1993, p. 251-258.

du désespoir, le terrain d'où jaillit la vie nouvelle. L'inespéré surgit dans cette victoire de Dieu sur la mort injuste du Crucifié, au Golgotha. Depuis Pâques, l'inespéré est le fruit de l'Esprit qui nous est donné. Et l'Esprit Saint, c'est le Dieu de l'initiative, de la nouveauté, des commencements. Il étonne et surprend toujours, en accomplissant plus que ce que nous osions demander et attendre. Dans l'Église, tous les baptisés reçoivent l'Esprit Saint, le grand vent de Dieu. Certains ont peur du vent et de la poussière qu'il soulève. Trop de vent, disent-ils, lève la tempête. Ils oublient qu'un grand vent chasse aussi les épais nuages noirs et fait apparaître le ciel clair et de vastes horizons. Transportant les semences, il féconde nos terres. Il apporte parfois la fraîcheur et renouvelle l'air trop lourd à respirer. Oui, tout cela, l'Esprit, le bon Vent de Dieu, peut l'apporter à l'Église d'ici. Sa présence et son action prennent parfois des formes spectaculaires, même merveilleuses, comme à la Pentecôte. Mais il est le plus souvent discret comme une brise légère, un murmure intérieur, un silence.

Si l'espérance n'était fondée que sur nos possibilités, l'improbable serait sans cesse différé. Mais le Dieu de la nouveauté et de l'inattendu fait surgir l'improbable dans notre histoire et il l'atteste dans le signe qu'il nous donne : un tombeau ouvert où la mort est vaincue à jamais. Les réflexions de cet essai pourraient ne paraître que de simples remarques dictées par le bon sens ou, pire, par la sensibilité de celui qui les fait, si elles n'avaient pas été éclairées par une réalité beaucoup plus profonde, à savoir le mystère de l'Église qui s'inscrit, comme toute réalité chrétienne, dans le mystère de Pâques. La parole de Jésus, « Qui cherchera à conserver sa vie la perdra et qui la perdra la sauvegardera » (*Luc* 17, 33), s'adresse aussi à l'Église et à toutes les communautés qui la constituent. Il n'y a pas de raison pour que l'Épouse du Christ ne partage pas le sort de l'Époux. Tout refus de changer ses institutions, ses rites, son fonctionnement, son discours relève d'un manque de confiance en la force du Dieu « qui fait vivre les morts et appelle à l'existence ce qui n'existe pas » (*Romains* 4,

17). L'Église, c'est-à-dire chacune des communautés chrétiennes et chacun des groupes, doit donc vivre certaines morts. Cela implique qu'elle accepte de changer, qu'elle soit audacieuse et même qu'elle prenne des risques. Dans bien des situations, la peur de la nouveauté et le soupçon à l'égard de l'inédit sont concrètement un oubli de la résurrection de Jésus et du don de l'Esprit.

Si nous mettons notre confiance en Dieu qui a ressuscité Jésus, nous ne pouvons plus nous contenter de ralentir le déclin de l'Église d'ici. Au contraire, en étant présents de façon lucide et critique aux enjeux que l'on doit affronter dans notre société moderne, en nous rangeant du côté de ceux et de celles qui souffrent, en nous préoccupant davantage de la cause de l'Évangile que de la survie de nos institutions, nous pouvons contribuer à faire entendre dans des mots nouveaux le message libérateur de Jésus de Nazareth et à faire surgir une nouvelle réalisation d'Église.

Cet inespéré se réalisera, mais à la condition que nous vivions la spiritualité de Pâques, la spiritualité du *passage*[11]. En refusant de changer, une institution, fût-elle vénérable, peut en venir à contredire ce qui faisait sa raison d'être. L'histoire de l'Église et de nos communautés religieuses a beaucoup à nous apprendre sur ce point. Il est temps que notre Église d'ici prenne l'initiative de projets nouveaux mobilisant tous ceux et celles qui mettent leur espérance en Dieu qui a ressuscité Jésus. « Dieu est toujours déjà là, écrit Maurice Zundel, c'est nous qui sommes absents[12]. » Nous pouvons ajouter que c'est nous qui baissons les bras, comme si tout allait vers une dérive irréversible.

Nos réaménagements pastoraux, qui pourraient être considérés comme des stratégies de l'espérance, ne sauraient être assimilés à une opération de *marketing* chrétien destinée à

---

[11] Le mot « Pâque » vient de l'hébreu *pesah* qui signifie « épargner » ou encore « passer ». La Pâque, c'est le passage de Dieu qui sauve son peuple.

[12] Maurice Zundel, *Ton visage, ma lumière*, Paris, Desclée, 1989, p. 141.

maintenir vivante une institution secouée et inquiète de son avenir. Dans les initiatives que nous prenons, pressés par des urgences, nous sommes de plus en plus conscients d'être, nous, l'Église d'ici, une communauté de pauvres, qui n'a rien d'autre à donner que ce qu'elle reçoit de Dieu.

* * *

En terminant, j'aimerais faire miens ces mots de Christian Bobin : « J'écris avec une balance minuscule comme celles qu'utilisent les bijoutiers. Sur un plateau je dépose l'ombre et sur l'autre la lumière. Un gramme de lumière fait contrepoids à plusieurs kilos d'ombre[13]. » Dans le présent essai, la balance que j'ai utilisée n'est peut-être pas aussi précise que certains l'auraient souhaité. Sur l'un des plateaux, l'ombre semble bien l'emporter. Qu'on ne s'y méprenne pas cependant : j'ai la conviction d'y avoir mis en contrepoids quelques grammes de lumière.

Sans me bercer d'illusions, je rêve de vivre assez longtemps pour écrire un autre livre dont le titre pourrait être : *J'ai vu naître l'Église de demain*[14].

Le 31 mai 2002.
En la fête de la Visitation de la Vierge Marie.

---

[13] Christian BOBIN, *Ressusciter*, Paris, Gallimard, 2001, p. 34.

[14] Ce titre existe déjà : Louis RÉTIF, *J'ai vu naître l'Église de demain*, Paris, Éditions Ouvrières, 1971.

*Il est du Royaume de Dieu
comme d'un homme qui jette la semence en terre :
qu'il dorme ou qu'il soit debout,
la nuit et le jour, la semence germe et grandit,
il ne sait comment.*

Marc 4, 26-27

Table des matières

Avant-propos 7

Chapitre 1 : Une Église en recherche 11
   Une chrétienté florissante 12
   Au-delà d'un visage ridé 14
   En communion avec les autres Églises 17
   Une Église ébranlée qui se cherche 18
   L'avenir entre nos mains 25

Chapitre 2 : Une Église en déclin 29
   La fin de l'ère des pratiquants 30
   Les prêtres, une espèce menacée 32
   Renouveler la théologie de la vocation : une urgence 37
   Les noviciats transformés en infirmeries 40
   De plus en plus de diacres permanents 43
   Le ministère pastoral confié à des laïcs 46

Chapitre 3 : Une Église qui ne transmet plus 53
   Une rupture qui s'accentue 53
   L'école, lieu de formation morale, religieuse et spirituelle? ... 55
   La foi, peut-on la transmettre? 57
   Faire entendre et goûter l'Évangile 58
   Les sacrements ne transmettent plus la foi 62
   Pour la spiritualité, on s'adresse ailleurs 65
   Des relais de transmission 68

Chapitre 4 : Une Église qui n'arrive pas à rencontrer la société moderne 79
   À l'épreuve de la modernité 80
   La modernité désenchantée 83

Une rencontre manquée 86
Le nouveau champ de la mission 90
Vers une inculturation de la foi chrétienne à la modernité ... 93

Chapitre 5 : Une Église qui n'est plus tout à fait crédible .. 103
De moins en moins de confiance 104
Déçus, mais sûrs d'eux-mêmes 107
Un message contesté par les « bons » catholiques 109
Personne n'est propriétaire de la vérité 112
La « grâce de la parole » 115
Une Église de la question et de l'écoute 119
Faire confiance à l'intelligence des gens 121
Une invitation à chercher ensemble avec le pape 123
Une Église qui demande pardon 125

Chapitre 6 : Une Église qui hypothèque son avenir 131
Des changements nécessaires 133
Vers la « nouvelle paroisse » 135
Objectifs des réaménagements 138
Regard théologique sur nos pratiques ministérielles 142
À qui imposer les mains? 154

Chapitre 7 : Une Église en panne d'imagination 161
Un vieux pape de transition imagine un concile 162
Dans la suite de Vatican II 164
L'imagination, la faculté de la nouveauté 167
Un remue-méninges en Église 169
Fidélité et créativité 178

Chapitre 8 : Une Église en phase terminale 183
Les Églises passent 185
Une page tournée pour toujours 188
Plus qu'une crise, plus qu'un déclin... 190
Vers un Québec païen? 192
Retour du « religieux » non chrétien 194
Une Église en exil? 197
Une Église minoritaire en « diaspora »? 200
Les derniers moments d'une Église 202

Épilogue : Dans l'attente de l'improbable 209
   Il y a de l'avenir 211
   Faillite d'une Église et fécondité de l'Évangile 214
   Des chemins d'avenir 216
   L'Église d'ici n'a pas dit son dernier mot 221